高职院校质量保障体系建设理论与实践

以北京财贸职业学院为例

武雪周　等◎编著

THEORY AND PRACTICE OF
QUALITY ASSURANCE SYSTEM CONSTRUCTION IN
HIGHER VOCATIONAL COLLEGES

中国经济出版社
CHINA ECONOMIC PUBLISHING HOUSE
·北 京·

图书在版编目（CIP）数据

高职院校质量保障体系建设理论与实践：以北京财贸职业学院为例 / 武雪周，王学梅，李昱言编著 . -- 北京：中国经济出版社，2023.12

ISBN 978 – 7 – 5136 – 7591 – 8

Ⅰ . ①高… Ⅱ . ①武… ②王… ③李… Ⅲ . ①高等职业教育 – 教学质量 – 保障体系 – 研究 – 中国 Ⅳ . ① G718.5

中国国家版本馆 CIP 数据核字（2023）第 257201 号

责任编辑 张 博
责任印制 马小宾
封面设计 任燕飞装帧设计工作室

出版发行 中国经济出版社
印 刷 者 北京艾普海德印刷有限公司
经 销 者 各地新华书店
开 本 710mm × 1000mm 1/16
印 张 13.5
字 数 183 千字
版 次 2023 年 12 月第 1 版
印 次 2023 年 12 月第 1 次
定 价 88.00 元
广告经营许可证 京西工商广字第 8179 号

中国经济出版社 **网址** www. economyph. com **社址** 北京市东城区安定门外大街 58 号 **邮编** 100011
本版图书如存在印装质量问题，请与本社销售中心联系调换（联系电话：010–57512564）

编委会

主　编：武雪周

副主编：王学梅　李昱言　陈　瑜　白　丽
刘　环　李冬玉

编　委：李宇红　龙　洋　姜　宏　袁　蕊
张　伦　寻云杰　田志英

绪　论

党的十八大报告对改善民生和创新社会管理做出战略部署，强调要努力办好人民满意的教育，必须加快发展现代职业教育；党的十九大报告强调，建设教育强国要完善职业教育和培训体系，深化产教融合、校企合作；党的二十大报告在实施科教兴国战略，强化现代化建设人才支撑部分提出，“统筹职业教育、高等教育、继续教育协同创新，推进职普融通、产教融合、科教融汇，优化职业教育类型定位”，站在党之大计、国之大计的高度强调教育、科技、人才“三位一体”发展，并把大国工匠和高技能人才纳入国家战略人才力量，进一步凸显了发展高等职业教育、培养高素质技能型人才的战略意义。

伴随着中国特色社会主义建设事业不断发展，高等职业教育的战略地位日益突出，作用发挥更加彰显。习近平总书记指出，在全面建设社会主义现代化国家新征程中，职业教育前途广阔、大有可为。[①] 新时代呼唤高质量发展的高等职业教育，国家需要大批大国工匠、人民需要高质量的教育、职业教育到了内涵发展的攻坚期。中共中央、国务院颁布《国家中长期教育改革和发展规划纲要（2010—2020 年）》，标志着我国高职教育进入全面提升质量的阶段；中共中央办公厅、国务院办公厅印发了《关于推动现代职业教育高质量发展的意见》，再次强调职业教育是国民教育体系和人力资源开发的重要组成部分；新修订的《中华人民

① 2021 年 4 月，习近平对职业教育工作作出的重要指示。

共和国职业教育法》使职业教育的吸引力、影响力进一步得到提高。另外，继北京市教委、市发展改革委、市人力资源和社会保障局、市财政局4个委办局联合印发实施《关于深化职业教育改革的若干意见》(职教“京十条”)之后，北京市委办公厅、市政府办公厅印发《关于推动职业教育高质量发展的实施方案》(职教“新京十条”)，重点部署推动北京职业教育高质量发展的10个重点任务，进一步深化了“高质量、有特色、国际化”发展理念。

质量保障体系的建设对北京财贸职业学院教育事业的发展意义重大。2021年，北京财贸职业学院成立质量管理办公室，积极构建基于“扬长教育”理念的质量保障体系。质量保障体系坚持“以学生为本”，以促进学生发展为目标，以学生学习成果为导向，整合教育教学运行各环节，采用科学方法评估、保障学校的教育教学质量。质量保障体系在学校教育教学大环境的涵养下成长起来，又为学校教育事业的发展保驾护航。

北京财贸职业学院经历了高职高专教育教学工作优秀学校评估、国家示范性高职院校评估、“双高计划”建设评估等国家级外部质量的考验，同时也圆满完成北京市高职院校课堂教学诊断、职业院校教学计划诊断与改进、特高校建设等质量评估工作。质量保障体系也在历练中成长，2021年保障会计和金融管理2个专业通过UK NARIC（英国国家学历学位评估认证中心），专业学习成果达到英国资历框架（RQF）5级和欧洲资历框架（EQF）5级水平；质量保障体系达到国际质量标准，获得国际标准证书。学校和企业质量年度报告获得2021年北京市优秀质量年度报告奖、优秀质量企业年度报告奖。①

建好质量保障体系是学校获得全国高等职业教育创新发展行动计划优质校、全国毕业生就业典型经验高校、全国创新创业典型经验高校、

① 北京市教育委员会网站。

WFCP 2020世界职业教育卓越奖[①]等各项荣誉的必由之路；是学校根植财贸，立足北京市服务业，聚焦城市副中心现代产业体系布局，培养具有“家国情怀、职业素养、工匠精神”的高素质、复合型技术技能财贸人才的必然选择；是建设“财贸特质、首都特色、国际知名”新商科职业院校的必由之路。

本书的研究团队是北京财贸职业学院质量管理办公室全体教师，是一群热爱高职教育事业，充满研究激情和工作热情的人。团队中的每个人都有扎实的教育教学研究理论功底，多次主持、参与教育教学课题，发表过多篇教育教学类理论文章，有着丰富的工作实践经验。白丽、田志英负责第一章内容，武雪周、李冬玉负责第二章内容，李昱言、刘环负责第三章内容，王学梅负责第四章内容，陈瑜负责第五章内容。武雪周作为部门负责人，从事高等职业教育工作已有17年之久，一直致力于高等职业教育的管理、教学及研究工作，深爱教育事业、深爱自己的工作、深怀对学生的感情，持续研究关注高等职业教育，不断思考高等职业教育的科学性、规律性，形成了一定的理论成果和独立见解。

学校根据中共中央、国务院印发的《深化新时代教育评价改革总体方案》精神，全面强化过程评价，借助于教学质量监控与评价平台，通过信息化手段对教师课前、课中、课后全面评价，实现每学期“一人一画像”，齐心协力大幅提升教育教学质量；深入探讨增值评价，将学生的得失作为衡量评价工作的标准，充分发挥学评教、学生信息员、学业辅导的优势，依靠平台教学满意度问卷调查，绘制学生成长“雷达图”，确保教育教学育人效果；逐步健全质量保障体系，激发改革发展内生动力，提高“双高”“特高”建设实效，以更加优异的成绩开启新征程。

---

① WFCP指世界职业院校与技术大学联盟。

目 录

绪 论 001

第一章 质量保障理论 001

第一节 全面质量管理理论 003

第二节 ISO 9000 质量管理理论 023

第三节 国内外质量管理比较 048

第二章 高职院校质量保障的产生与发展 061

第一节 教育质量 063

第二节 质量保障体系 069

第三节 高职院校质量保障体系 074

第三章 高职院校质量保障整体概况 079

第一节 外部质量保障体系 081

第二节 内部质量保障体系 099

第四章 高职院校内部质量保障体系建设 121

第一节 基本原则 123

第二节 基本框架 127

第三节　基本内容　132

第五章　高职院校内部质量保障体系实践　155

第一节　招生录取　157

第二节　专业设置　159

第三节　教与学　164

第四节　考核发展　179

第五节　监控与评价　187

第六节　信息管理　200

后　记　204

第一章

质量保障理论

第一节
全面质量管理理论

一、全面质量管理的起源与演变

在介绍全面质量管理之前，我们有必要明确一下有关质量的定义。国家标准（GB/T 19000—2016/ISO 9000：2015）对质量的定义为：一组固有特性满足要求的程度。更具象的定义是从用户的角度去定义质量：质量是用户对一个产品（包括相关的服务）满足程度的度量。质量是产品或服务的生命。质量受企业生产经营管理活动中多种因素的影响，是企业各项工作的综合反映。要保证和提高产品质量，必须对影响质量的各种因素进行全面而系统的管理。

全面质量管理（Total Quality Management）是一个专业的管理学领域，是以产品质量为核心，建立起一套科学严密高效的质量体系，以提供满足用户需要的产品或服务的全部活动。全面质量管理就是企业组织全体职工和有关部门参加，综合运用现代科学和管理技术成果，控制影响产品质量的全过程和各因素，较为经济地研制、生产和提供用户满意的产品的系统管理活动。其是通过让顾客满意和本组织所有成员及社会受益而达到长期成功的管理途径。这种管理途径是商品竞争的需要，也是科学技术发展共同作用下的结果，也随着科学技术、生产力水平及管理科学的现代化的发展而发展，各因素之间有着密不可分的关系。从工业发达国家解决产品质量问题涉及的理论和使用的技术预防方法的发展变化来看，它的发展过程大致可划分为3个阶段。

（一）质量检验管理阶段

质量管理的概念产生于19世纪70年代。在当时，科学技术落后，生产力比较低下，各手工作坊成为生产力的中坚力量。当时人们尚没有科学管理的概念，手工作坊无法将加工产品和检查质量进行合理的分工，这就导致了生产工人要同时扮演加工者及检验者的角色。这个阶段被称为“操作者的质量管理”。20世纪初，美国工程师泰勒（F. W. Taylor）首先提出了“科学管理”理论——“泰勒制度”。这套理论总结了18世纪末工业革命以来大工业生产的管理经验及实践，其主张计划与执行必须分开，于是检查产品质量的职责由工人转移到了工长手中，形成了“工长的质量管理”。这对当时的产品质量起到了很好的促进作用。到了20世纪30年代，随着资本主义大生产的蓬勃发展，工长已无力专门承担质量检查与质量管理的职责，因此，大多数企业都设置了直属于经理或厂长的专职检验人员和部门，由他们来承担产品质量的检验工作，负责全厂各生产部门的产品（零部件）质量管理工作，形成了计划设计、执行操作、质量检查三个方面都有专人负责的职能管理体系，那时的检验工作有人称为“检验员的质量管理”。至此质量管理还只限于对产品质量的检验，其主要手段是通过严格的检验程序控制产品质量，并根据预定的质量标准对产品质量进行判断。检验工作是质量管理工作的主要内容，其主导思想是对产品质量的“严格把关”。

质量检验管理阶段对于质量管理的创造在于，将计划、制造及检验分属在3个部门，达到了所谓“三权分立”的状态。设立专门的岗位负责制定标准（计划），有专人负责产品生产（制造），以及有专人按照标准检验产品质量（检验）。在这种状态下，产品质量标准就得到了有效的执行，各部门的责任也得到了严格的划分。

当然，这种质量检验管理也存在不足，主要集中在三点。第一点，质量检验管理对解决质量问题缺乏系统性，整个管理系统缺乏对质量问题的解决方法。第二点，质量检验管理只注重结果，而缺乏预防，对已完成的产品进行检验只产生了“把关”的作用，却无法“预防”和“控制”在生产过程中不合格产品的产生。一旦发现不合格品，很难进行补救，增加了生产成本。第三点，质量检验管理带来巨大的工作量。因为这种检验管理要求对产品进行100%的检查，对于大量产品的检验缺乏经济性和实用性。

（二）统计质量管理阶段

为了解决上述质量检验管理的不足，企业迫切需要找到控制不合格品的解决方案，而这就在客观上为数据统计的原理和方法引入质量管理领域创造了条件。早在20世纪20年代，就有一些统计学家和质量管理专家注意到了质量检验的弱点，并设法运用统计学的原理去解决这些问题。1924年，美国贝尔电话研究所的休哈特（W. A. Shewhart）提出了控制和预防缺陷的概念——“六西格玛”法则。这是一种改善企业质量流程管理的技术，以“零缺陷”的完美商业追求，带动质量大幅度提高、成本大幅度降低，最终实现财务成效的提升与企业竞争力的突破。根据“六西格玛”法则，人们逐渐发展完善了“质量控制图”和“预防缺陷”理论，其目的是预防生产过程中不合格品的产生，并确定了质量管理除了具有对产品质量检查监督的职能之外，还应具有预防产生不合格品的职能。

在随后的几年，陆续有更多的学者将数理统计方法引入了质量管理领域。例如，休哈特在1931年出版了《工业产品质量控制经济学》，贝尔电话公司的道奇（H. F. Dodge）和罗米格（H. G. Roming）在1929年发表了《挑选型抽样检查法》论文，瓦尔德（A. Wald）提出了“序贯抽样检验法”。然而，在当时这些理论和方法并没有引起重视，更没有被普遍推广。因为当时处于资本主义萧条时期，这种情况一直持续到第二次世界大战初期。

第二次世界大战初期，美国生产民用品的大批公司转为生产各种军需品，在这种情况下，质量检验管理的漏洞被无限放大，这也就导致了大批产品无法满足军方的要求，为军方提供的武器经常发生质量事故。为了解决这个问题，美国国防部联合上述学者一起制定和公布了《美国战时质量管理标准》，强制要求生产军需品的各公司、企业实行统计质量控制。实践证明，统计质量控制方法是在制造过程中保证产品质量、预防不合格品产生的一种有效工具，并很快地提高了美国军需品的质量。

统计质量管理阶段的主要特点是利用数理统计原理，预防不合格品的产生并检验产品的质量。质量管理职能在方式上由专职检验人员转移给专业的质量控制工程师和技术人员承担，质量管理由事后检验改变为预测、预防事故的发生。这标志着将事后检验的观念转变为预防质量事故发生的预防观念。这是质量管理理论的核心价值所在。

（三）全面质量管理阶段

20世纪50年代以来，随着社会生产力的迅速发展，科学技术及社会经济与文化的不断进步，质量管理环境出现了许多变化，主要体现在以下几个方面。

（1）人们对产品质量要求更高了。由于科学技术的发展，产品的精度和复杂程度大为提高，人们对产品质量的要求从仅注重性能指标转向可靠性、安全性、经济性等指标，对提高产品的可靠性等质量要求，仅靠在制造过程中应用数理统计方法进行质量管理是难以达到的。

（2）在生产技术和企业管理中广泛应用系统分析的理念，将质量管理看作处于较大系统中的一个子系统。

（3）管理理论有了新的发展和突破，在生产技术管理中广泛应用系统分析的理念和方法，并且越来越重视人的因素，出现了诸如“工业民主”“参与管理”“共同决策”等管理口号。这一切都促使质量管理从单一方法走向多种方法共存，从少数人参与走向公司全体人员共同参与。

（4）“保护消费者利益”运动的兴起，迫使质量管理方法进一步改进。

（5）随着市场竞争，尤其是国际市场竞争的加剧，各国企业都很重视产品责任和质量保证问题，因为大家都意识到质量关乎效益，更关乎企业的信誉。

统计质量管理相对于产品质量检验来说，无疑是质量管理发展史上的一次飞跃，但是，统计质量管理也有着其自身的局限性和不足之处。由于上述环境的变化，仅仅依靠质量检验和运用统计方法已很难持续保证与提高产品质量，把质量职能完全交给专业的质量控制工程师和技术人员去承担的方式也需要改进。因此，自 20 世纪 50 年代起，许多企业就开始了全面质量管理的实践（见图 1–1）。

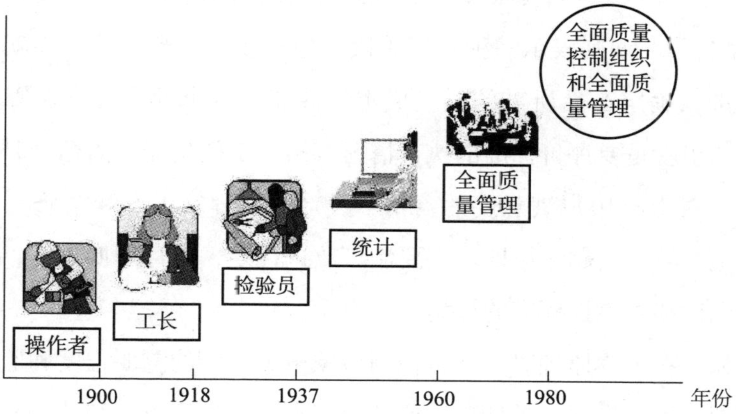

图 1–1　全面质量管理实践

二、全面质量保障的理论基础

全面质量管理是力争在最经济的水平上，并考虑到充分满足客户要求的条件下进行生产和提供服务，动员全员参加，在维持和提高质量的活动中形成的一种管理模式。为了更好地理解这种体系的原理，我们需要深入了解形成这种管理模式的6个基本理论。

（一）质量控制

质量控制是全面质量管理的基础理论之一，是指为达到质量要求所采取的作业技术和活动。这就是说，质量控制是为了通过监视产品生产过程，以及消除质量环上所有阶段导致不合格或不满意效果的因素，以达到质量要求，获取经济效益，而采取的各种质量作业技术和活动。在企业领域，质量控制活动主要是企业内部的生产现场管理，是指为达到和保持质量而进行控制的技术与管理措施方面的活动。质量检验从属于质量控制，是质量控制的重要活动。

“质量”一词并不具有绝对意义上的“最好”的一般含义。质量是指“最适合于一定顾客的要求”。这些要求涉及产品的实际用途及产品的售价。“控制”一词则表示一种管理手段，包括4个步骤，第一步就是制定质量标准，确定产品所需的质量成本、性能、安全性、可靠性等质量标准；第二步就是要评价标准的执行情况；第三步就是在偏离标准时采取纠正措施，对影响用户满意度的营销、设计、工程、生产和维修等各因素采取措施，解决问题；第四步则要制订改进计划，制订降低成本，提高性能、安全性和可靠性标准的计划。

例如，在工程监理时，质量控制对象根据它们的重要程度和监督控制要求不同，可以设置“见证点”或“停止点”。“见证点”和“停止点”都是质量控制点，由于它们的重要性或其质量后果影响程度有所不同，它们的运作程序和监督要求也不同。在每个质量控制点都应当有监理人员到现场进行见证和监督。其中，“停止点”是重要性高于“见证点”的质量控制点。如果监理方未能在约定的时间到现场监督、检查，施工单位应停止进入与该控制点相应的工序，并按合同规定等待监理方，未经认可不能越过该点继续活动。通常用书面形式批准其继续进行，但也可以按商定的授权制度批准其继续进行。而对于“见证点”，如果监理人员在规定的时间未能到场见证，施工单位可以认为已获监理工程师认可，有权进行该项施工。“见证点”和“停止点”通常由工程承包单位在质量计划中明确，但施工单位应将施工计划和质量要求提交监理工程师审批。如果监理工程师对“见证点”和“停止点”的设置有不同意见，则应书面通知施工单位，要求予以修改，修改完毕后由施工单位再报监理工程师审批后执行。

质量控制的要点是质量控制范围包括专业作业技术过程和质量管理过程。质量控制的关键是使所有质量过程和活动始终处于完全受控状态。质量控制的基础是过程控制，无论是制造过程还是管理过程，都需要严格按照程序和规范进行。控制好每个过程，特别是关键过程是达到质量要求的保障。

（二）质量成本

质量成本是全面质量强调的管理要素，其定义是：将产品质量保持在规定的质量水平上所需的有关费用。它是企业生产总成本的一个组成部分。质量成本由两个部分构成，即运行质量成本和外部质量保证成本（见图 1–2）。

运行质量成本是指企业为保证和提高产品质量而支付的一切费用，以及质量故障所造成的损失费用之和。它又分为四类，即企业内部损失成本、鉴定成本、预防成本和外部损失成本。

企业内部损失成本是指产品出厂前因不满足规定的质量要求而支付的费用；鉴定成本是指评定产品是否满足规定的质量水平所需的费用；预防成本是指用于预防产生不合格品与故障等所需的各种费用；外部损失成本是指成品出厂后不满足规定的质量要求，导致索赔、修理、更换或信誉损失等而支付的费用。

外部质量保证成本是指为用户提供所要求的客观证据所支付的费用，主要包括为提供特殊附加的质量保证措施、程序、数据所支付的费用，产品的验证试验和评定的费用，以及满足用户要求，进行质量体系认证所产生的费用。

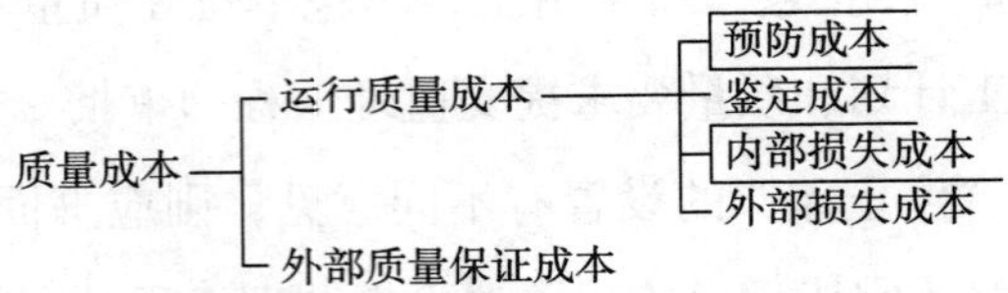

图 1-2　质量成本的构成

传统质量成本管理目标是可接受质量水平：质量成本水平与质量成本中的可控成本和结果成本两者是互为条件、互为因果的。质量成本水平与可控成本呈相同方向的变化，与结果成本呈反方向的变化。当可控成本与结果成本相等时，质量总成本是最低的，此时可允许的缺陷率水平为可接受的质量水平。

而现代质量成本管理目标是零缺陷质量目标。根据现代质量成本观点，内部和外部缺陷作业及其相关联的成本都属于非增值作业，应予以彻底消除。预防作业则可视为增值作业而予以保留。而一部分检验作业是预防作业所必需的，如质量审计，应视为增值对象。质量成本的最优水平存在于所生产产品达到目标价值之处。

（三）质量信息

质量信息指的是在质量形成的全过程中出现的有关质量的信息。它涉及工作质量、工序质量、产品质量及全员的、全过程的、全面的质量管理等各方面有关质量的信息。全面地收集质量信息，有助于对质量状况、质量改进等做出有效的判断。

工作质量信息包括但不限于上级有关质量问题的各种指令、文件、法令、计划、任务或企业的各项规章制度、岗位职责、经济责任制等。工序质量信息是指工序及工序的质量管理资料。产品质量信息指的是产品的技术水平、性能、可靠性、安全性、可维修性、耐用性等指标。质量管理信息则包括国家有关质量管理工作的各项规定、条例和办法或公司方针及实施计划、方案、考核等资料。根据上述质量信息的作用，质量信息又可分为：质量动态信息、质量指令信息、质量反馈信息。

为了确保质量信息工作的质量，应首先确定各类活动对质量信息的需求，收集和获取所需的数据信息；其次对收集到的数据进行分析，充分利用所掌握的信息资源；最后应对信息应用的效果进行评估。

搞好质量管理工作，掌握产品质量活动的发展规律，必须深入实践，认真调查研究，掌握大量的、齐全的、准确的信息资料。质量信息的准确性、完整性和及时性，将严重影响决策的质量。质量信息是质量管理不可缺少的重要依据，是改进产品质量、组织厂内外两个反馈、提高各环节工作质量最直接的原始资料，是正确认识影响产品质量诸因素变化和产品质量波动的内在联系、掌握提高产品质量规律性的基本手段，是使用计算机进行质量管理的基础，是加强质量管理不可缺少的一项基础工作。

（四）质量保证

为使人们确信组织能满足质量要求，而在质量体系中实施并根据需要进行证实的全部有计划、有系统的活动，称为“质量保证”。显然，质量保证一般适用于有合同的场合，其主要目的是使用户确信产品或服务能满足规定的质量要求。如果给定的质量要求不能完全反映用户的需要，则质量保证也不可能完善。当然，质量保证是以质量控制为其基础的，没有质量控制，就谈不上质量保证。

质量保证分为内部质量保证和外部质量保证，内部质量保证是企业管理的一种手段，目的是取得企业领导的信任；外部质量保证是在合同环境中，供方取信于需方的一种手段。因此，质量保证的内容绝非单纯地保证质量，更重要的是要通过对那些影响质量的质量体系要素进行一系列有计划、有组织的评价活动，为取得企业领导和需方的信任而提出充分可靠的证据。

质量保证有 4 个要点。

（1）证实性：质量保证活动的关键在于能提供产品及质量管理过程符合要求的证据。无必要的证据，则谈不上信任。要把对具体产品的信任提高到对组织的信任，只有使顾客对组织未来提供的新产品也同样寄予信任，组织才会取得更大的成功。

（2）预防性：质量保证要求对质量问题的发生应有充分的预防能力，这可以通过有效的质量策划来实现。要防患于未然，对一切可能影响产品质量的因素，预先做出周密的安排，确保其不失控。在实施中，还应针对发生的问题，采取相应的纠正和预防措施。

（3）系统性：不能把质量保证活动当作孤立的事件，而应从系统性的高度，从全局做出安排并加以协调控制，诸如文件间的相容性、各过程的界面和接口、过程的信息反馈、过程网络功能的发挥等。

（4）反应能力：以目前国内外各类企业的管理水平，要使问题根本不发生是很难做到的，然而质量保证的前提是满足要求，因此对任何偏离要求的现象，应能迅速做出反应，采取有效措施加以纠正和预防。

质量保证和质量控制都是质量管理活动的一部分，两者都以满足质量要求为目的，但是质量保证活动侧重于为满足质量要求提供使对方信任的证据，而质量控制活动侧重于如何满足质量要求。因此，从某种意义上来说质量保证和质量控制是为达到同一目的的两个方面。例如，对供方的评价选择是组织为了使采购产品满足要求的一种质量控制活动；而如果向顾客提供了组织对供方评价的记录，则可认为是一种质量保证活动。

（五）产品质量

产品质量特性的含义很广泛，它可以是技术的、经济的、社会的、心理的和生理的。一般来说，常把反映产品使用目的的各种技术经济参数作为质量特性。泛义上的产品质量是指国家的有关法规、质量标准，以及合同规定的对产品适用、安全和其他特性的要求。

产品质量是指产品适应社会生产和生活消费需要而具备的特性，它是产品使用价值的具体体现。产品质量包括产品的内在质量和外观质量两个方面。产品的内在质量是指产品的内在属性，包括性能、寿命、可靠性、安全性、经济性5个方面。

（1）产品性能，指产品具有适合用户要求的物理、化学或技术性能。

（2）产品寿命，指产品在正常情况下的使用期限。

（3）产品可靠性，指产品在规定时间内和规定条件下使用，不发生故障的特性。

（4）产品安全性，指产品在使用过程中对人身及环境的安全保障程度。

（5）产品经济性，指产品经济寿命周期内的总费用的多少。

产品的外观质量则指的是产品的外部属性。

产品的内在质量与外观质量特性比较，内在质量是主要的、基本的，只有在保证内在质量的前提下，外观质量才有意义。

提高产品质量有三重意义。

1. 社会意义

提高质量的社会意义强调质量对社会的深远影响。A. V. 费根堡姆（A. V. Feigenbaum）博士用“没有选择余地”（用技术名词来说就是“零冗余”）来刻画质量的社会意义。他指出：“人们的日常生活和日程安排，完全取决于产品的性能或服务运转是否令人满意……这相当大地提高了顾客对产品或服务在持久性和可靠性方面的要求。”

2. 经济意义

朱兰博士提出了“质量和综合生产率”的概念来说明质量的经济意义。他认为，现代工厂、企业和办公室中新的工作形式，以及现代市场对质量的要求，日益扩大着生产率概念的范围。传统的生产率概念是以工厂为主，着重用“单位资源的投入得到更多产品或服务的产出”。现代的生产率概念则是以市场为主，着重用“单位资源的投入得到更多、更适销、更好的产品或服务的产出”。这二者在经营管理目标，衡量经营管理绩效的单位，以及生产率规划的重点等方面都有根本的差别。

3. 提高竞争优势的意义

提高质量的市场意义是指这一事实：决定企业竞争优势最重要的因素是质量。质量是争夺市场战略中最关键的因素，谁能用灵活快捷的方式提供令用户（区域性和全球范围内）满意的产品或服务，谁就能赢得市场的竞争优势。

质量的市场意义最突出的表现是：市场竞争已经决定性地从“价格竞争”转向“质量竞争”。影响用户购买的三个因素——价格、质量、交货方式（交货期和地点），其排列次序已经变为质量、交货方式、价格。质量已成为决定用户购买的首要因素，“质量竞争”在某种程度上正在取代“价格竞争”。如果说未来世界还会发生全球性大战的话，将可能不再是以摧毁生命为目标的战争，而是争夺世界市场的全球性经济大战，经济大战的最锐利武器就是质量。这一“战争”事实上早已开始，这正是“质量的市场意义”核心之所在。

（六）生产过程

生产过程是指从投料开始，经过一系列的加工，直至成品生产出来的全部过程。在生产过程中，主要是劳动者运用劳动工具，直接或间接地作用于劳动对象，使之按人们预定目的变成工业产品。

1. 生产过程分类

按照生产过程组织的构成要素，可以将生产过程分为物流过程、信息流过程和资金流过程。

（1）物流过程。采购、加工或服务、运输（搬运）、仓储等一系列过程既是物料的转换过程和增值过程，也是一个物流过程。

（2）信息流过程。生产过程中的信息流是指在生产活动中，将其有关的原始记录和数据，按照需要利用计算机进行处理并使之朝一定方向流动的数据集合。

（3）资金流过程。生产过程中的资金流是以在制品和各种原材料、辅助材料、动力、燃料设备等实物形式出现的，分为固定资金与流动资金。资金的加速流转和节约是提高生产过程经济效益的重要途径。

2. 合理组织生产过程

合理组织生产过程是指把生产过程从空间上和时间上很好地结合起来，使产品以最短的路线、最快的速度通过生产过程的各阶段，并且使企业的人力、物力和财力得到充分利用，达到高产、优质、低耗。合理组织生产过程需要做到以下几点。

（1）生产过程的连续性。生产过程的连续性是指产品和零部件在生产过程各环节上的运动，自始至终处于连续状态，不发生或少发生不必要的中断、停顿和等待等现象。这就是要求加工对象或处于加工之中，或处于检验和运输之中。保持生产过程的连续性，可以充分地利用机器设备和劳动力，可以缩短生产周期，加速资金周转。

（2）生产过程的比例性。生产过程的比例性是指生产过程的各阶段、各道工序之间，在生产能力上要保持必要的比例关系。它要求各生产环节之间，在劳动力、生产效率、设备等方面，相互均衡发展，避免出现“瓶颈”现象。保证生产过程的比例性，既可以有效地提高劳动生产率和设备利用率，也进一步保证了生产过程的稳定。

（3）生产过程的节奏性。生产过程的节奏性是指产品在生产过程的各阶段，从投料到成品完工入库，都能保持有节奏地均衡进行。要求在相同的时间间隔内生产大致相同数量或递增数量的产品，避免出现前松后紧的现象。生产过程的节奏性应当体现在投入、生产和产出3个方面。

（4）生产过程的适应性。生产过程的适应性是指生产过程的组织形式要灵活，能及时满足市场变化需要。随着市场的变化，技术的进步和人民生活水平的提高，用户对产品的需要越来越多样化。这就给企业的生产带来了新的问题，即如何朝着多品种、小批量、能灵活转向、应急应变性强的方向发展，为了提高生产过程组织的适应性，企业可采用“柔性制造系统”等方法。

上述组织生产过程的 4 项要求是衡量生产过程是否合理的标准，也是取得良好经济效益的重要条件。

三、全面质量管理的核心要义

全面质量管理的核心要义之一是全面控制制度，全面质量管理的主要特点就在于“全”字，它包含三层含义。

（一）管理的对象是全面的

全面的质量管理是用全面的方法管理全面的质量。全面的方法包括科学的管理方法，数理统计的方法，现代电子技术、通信技术。全面的质量包括产品质量、工作质量、工程质量和服务质量。

（二）管理的范围是全面的

全过程的质量管理必须在市场调研、产品选型、研究试验、设计、原料采购、生产、检验、储运、销售、安装、使用和维修等各环节中都把好质量关。其中，产品的设计过程是全面质量管理的起点，原料采购、生产、检验过程是实现产品质量管理的重要过程，而产品的质量最终是在市场销售、售后服务的过程中得到评判与认可的。

（三）参加管理的人员是全面的

全员参加的质量管理即要求全部员工，无论是高层管理者还是普通办公职员或一线工人，都要参与质量改进活动。参与“改进工作质量管理的核心机制”，是全面质量管理的主要原则之一。

全面质量管理的主要原则之二是全面的质量控制，可以概括为 4 句话

18个字，即1个过程，4个阶段，8个步骤，数理统计方法。

1个过程，即企业管理是一个整体的过程。企业在不同时间内，应完成不同的工作任务。企业的每项生产经营活动，都有一个产生、形成、实施和验证的过程。

4个阶段，根据管理是一个过程的理论，美国的戴明博士把它运用到质量管理中来，总结出“计划（Plan）—执行（Do）—检查（Check）—处理（Act）”4个阶段的循环方式，简称“PDCA循环”，又称“戴明循环”。

第一个阶段为计划阶段，又叫“P阶段”（Plan）。

这个阶段的主要内容是通过市场调查、用户访问、国家计划指标等，摸清用户对产品质量的要求，确定质量政策、质量目标和质量计划等。

第二个阶段为执行阶段，又称“D阶段”（Do）。

这个阶段是实施计划阶段规定的内容，如根据质量标准进行产品设计、试制、试验，其中包括计划执行前的人员培训。

第三个阶段为检查阶段，又称“C阶段”（Check）。

这个阶段主要是在计划执行过程中或执行之后，检查执行情况，是否符合计划的预期结果。

第四个阶段为处理阶段，又称“A阶段”（Act）。

这个阶段主要是根据检查结果，采取相应的措施。

PDCA循环管理的特点：

PDCA循环工作程序的4个阶段，顺序进行，组成一个闭环；

每个部门、小组都有自己的PDCA循环，并都是组成企业大循环中的小循环；

阶梯式上升，循环前进，即不断根据处理情况或利用新信息重新开始循环改进过程。

8个步骤，为了解决和改进质量问题，PDCA循环中的4个阶段还可以具体划分为8个步骤（见图1–3）。

——计划阶段：分析现状，找出存在的质量问题；分析产生质量问题的各种原因或影响因素；找出影响质量的主要原因；针对影响质量的主要原因，提出计划，制定措施。

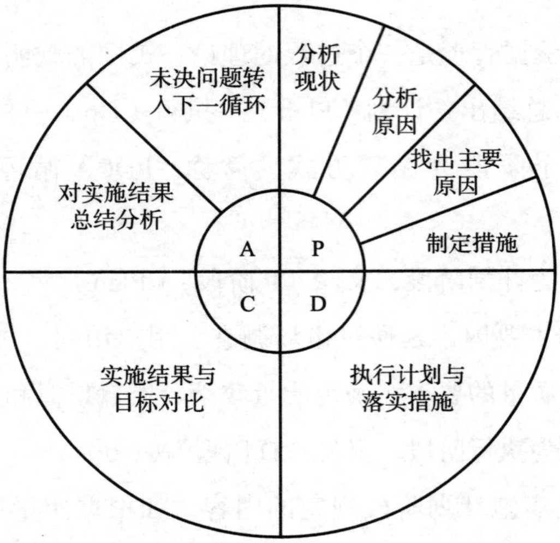

图 1–3　PDCA 循环的 8 个步骤

——执行阶段：执行计划，落实措施。

——检查阶段：检查计划的实施情况。

——处理阶段：总结经验，巩固成绩，工作结果标准化；提出尚未解决的问题，转入下一个循环。

在应用 PDCA 循环 4 个阶段、8 个步骤解决质量问题时，需要收集和整理大量的书籍资料，并用科学的方法进行系统的分析。最常用的 7 种统计方法是排列图、因果图、直方图、分层法、相关图、控制图及统计分析表。这套方法以数理统计为理论基础，不仅科学可靠，而且比较直观。

统计技术是全面质量管理的必要基础条件。

统计技术还包含了五大统计技术方法：显著性检验（假设检验）、实验设计（试验设计）、方差分析与回归分析、控制图、统计抽样。这仅是统计技术中的中级统计技术方法，它们在质量管理中的应用经历了两个阶段：统计质量控制和全面质量管理。统计质量控制起源于美国。1924年，美国贝尔电话研究所的休哈特博士运用数理统计方法绘制了世界上第一张质量控制图，其主要思想是在生产过程中预防不合格品的产生，变事后检验为事前预防，从而保证了产品质量，降低了生产成本，大大提高了生产率；1929年，该公司的道奇与罗米格又提出了改变传统的全数检验的做法，目的在于解决当产品不能或不需要全数检查时，如何采用抽样检查的方法来保证产品的质量，并使检验费减少。全面质量管理的主要理论认为，企业要能生产满足用户要求的产品，单纯依靠数理统计方法对生产工序进行控制是不够的，提出质量控制应该从产品设计开始，直到产品到达用户手中，使用户满意为止，它包括市场调查、设计、研制、制造、检验、包装、销售、服务等各环节，都要加强质量管理。因此，统计技术是全面质量管理的核心，是实现全面质量管理与控制的有效工具。

全面质量管理还强调以下观点：

（1）用户第一的观点，并将用户的概念扩展到企业内部，即下道工序就是上道工序的用户，不将问题留给用户；

（2）预防的观点，即在设计和加工过程中以预防为主，变管结果为管不良因素，消除质量隐患；

（3）定量分析的观点，只有定量化才能获得质量控制的最佳效果。

为何以工作质量为重点？因为产品质量和服务均取决于工作质量。

四、全面质量保障理论的运用

质量控制小组法案例分析

太原市第一建筑工程公司，通过开展质量控制小组活动，提高钢筋直螺纹连接合格率。

1. 选题

本工程所有直径在 18mm 以上的热轧钢筋采用钢筋直螺纹连接技术连接，共计钢筋接头 41240 个。提高合格率有利于确保工程结构钢筋混凝土质量，减少返修返工，节省人力，节约原材料，达到节能增效的目的。

2. 确定目标值

将钢筋直螺纹连接一次合格率提高至 98%。

3. 调查现状

（1）经调查总结，本工程最近 3 天内 4 个作业区中的 4 个施工班组，每连接 100 个接头一次性合格率为 90.25%。

（2）经调查了解，我项目部在太原市城市职业技术学院图书实训楼工程中也应用了钢筋直螺纹连接技术，该工程 4 个施工班组每连接 100 个接头一次性合格率为 95.25%，对比后发现，本工程钢筋直螺纹连接施工合格率较本公司其他工程低，施工中出现大量的返修返工现象。

4. 分析原因

由于直螺纹连接处套丝外露长度大于 1.5 个丝扣，一次合格率较低，常常发生返工现象，造成滞工，从而降低了本工序的工作效率（见

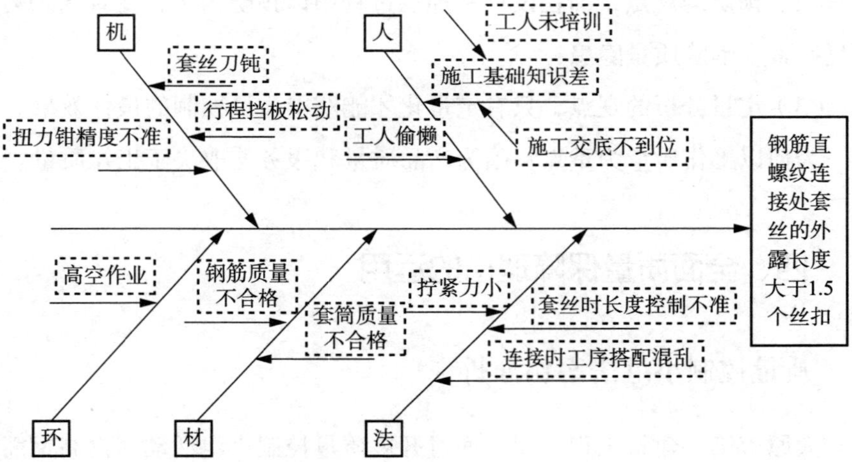

图 1-4　本工程钢筋直螺纹连接出现质量问题的原因

图 1-4）。经现场试验，一个钢筋直螺纹连接从准备到钢筋套丝、运输再到现场连接平均需要 7 分钟，而如果直螺纹连接接头经检验不合格后再经拆卸、搬运、修理、安装直至合格平均需要 24 分钟。这样不仅造成了约 2.4 倍时间的损失，而且极易造成接头损坏。

根据制定的目标，经质量控制小组成员认真讨论和现场深入调查，通过 5M1E 法分析影响钢筋直螺纹连接一次合格率的原因并绘制因果图。

5. 找出主要原因

（1）套丝时长度控制不准。

（2）拧紧力小。

（3）行程挡板松动。

（4）连接时工序搭配混乱。

6. 制定对策

针对要因（1）：要求钢筋接头套丝工人按接头加工标准施工。

①重新对操作工人进行详细的技术交底。

②将技术操作规程及相关标准张贴在加工区。

③加强加工后检验制度建设。

针对要因（2）：施工中增大拧紧力。

①重新对操作工人进行详细的技术交底。

②将技术操作规程及相关标准张贴在施工区。

③加强施工后检验制度建设。

针对要因（3）：进行机械维修。

联系厂家维修人员对场区套丝机进行维修，并按规定设置行程。

针对要因（4）：理顺工序。

对连接施工进行现场调查，工序细分，对人员重新配置。

7. 实施

实施 1：按照操作规程加工钢筋直螺纹接头。

实施 2：要求工人在连接时，增大拧紧力。

实施 3：对套丝机进行维修。

实施 4：调整、理顺工序，对人员进行合理配置。

8. 效果开展

从活动开展第三天到活动开展第十天，以及每天的质量检查中，钢筋直螺纹连接合格率情况见表 1–1。表 1–1 中所列为连续 20 次检查所得数据。

表 1–1　钢筋直螺纹连接合格率情况

检查次	1	2	3	4	5	6	7	8	9	10	11	12	13	14	15	16	17	18	19	20
合格率 /%	98	97	99	100	98	99	98	100	100	100	98	98	99	96	98	98	98	99	100	100
平均合格率 /%	98.65																			

从表 1–1 中可以看出，质量控制小组设定的目标达到了，并通过活动随工程持续开展，这一成绩是完全可以保持的。平均合格率从 90.25% 升至 98.65%，100 个钢筋直螺纹连接中不合格数从原来的 9.75 个降至 1.35 个。每减少一个不合格连接可节省材料费 1.5 元、人工费 0.5 元、机械台班费 2 元，节省时间 17 分钟。在活动初见成效时，本工程还有 3 万多个接头未施工，预计共节省费用为

（33000/100）×（9.75–1.35）×（1.5+0.5+2）= 11088（元）

累计节省时间为

（33000/100）×（9.75–1.35）× 17 = 47124（分），约等于 33 天。

另外，除了可观的经济效益和缩短工期外，还提高了工人的技术水平和施工素质，提高了管理人员的管理水平，质量控制小组也总结了宝贵的施工经验和管理经验，这是不可估量的无形财富。

9. 巩固措施

总结本次小组活动中积累关于钢筋直螺纹连接施工的经验、方法。用摄像机将钢筋直螺纹连接一次施工的全过程录成影像资料，以备后期总结学习。在近几年的发展中，全面质量管理更是呈现出全新的特点和日趋成熟的实施方法。但是，由于长期计划经济思维制约，企业缺乏市场竞争压力和动力，我国对于全面质量管理方法的应用出现了重形式而轻实效的现

象。因此，企业应结合自身的实际情况，建立有效的质量体系，制定合理的战略规划和具体的推行步骤，进行全过程的质量管理，提高自身素质，注重全员参与，提高顾客满意度，创造最优的经济效益。通过全面质量管理，提高企业质量管理的水平。

第二节 ISO 9000 质量管理理论

一、ISO 9000 质量管理

ISO 9000 族标准的诞生和发展。ISO 全称是 International Organization for Standardization，翻译成中文就是“国际标准化组织”。它成立于 1947 年 2 月 23 日，前身是 1928 年成立的国家标准化协会国际联合会（ISA）和联合国标准协调委员会。ISO 是目前世界上最大、最权威的综合性国际标准化组织，成员有 164 个国家和地区，覆盖全世界国民总收入的 98% 和全球人口的 97%。截至 2012 年底，ISO 制定发布了近 2 万项国际标准。

在俄罗斯圣彼得堡举行的第 36 届国际标准化组织（ISO）大会上，国家质检总局[①]、国家标准委提名的中国标准化专家委员会委员、国际钢铁协会副主席、鞍钢集团公司总经理张晓刚成功当选新一届 ISO 主席，任期自 2015 年 1 月 1 日至 2017 年 12 月 31 日。

① 2018年3月，根据第十三届全国人民代表大会第一次会议批准的国务院机构改革方案，将国家质量监督检验检疫总局的职责整合，组建中华人民共和国国家市场监督管理总局。

ISO 的宗旨是“在世界上促进标准化及其相关活动的发展，以便于商品和服务的国际交换，在智力、科学、技术和经济领域开展合作”。ISO 现有 200 多个成员。ISO 的最高权力机构是每年一次的“全体大会”，其日常办事机构是中央秘书处，设在瑞士的日内瓦。

世界上最早的质量保证标准是 20 世纪 50 年代末，在采购军用物资过程中，美国发布的《质量大纲要求》（MIL-Q-9858A）。20 世纪 70 年代，美、英、法、加等国先后颁发了一系列质量管理和保证方面的标准。为了统一各国质量管理活动，同时持续提高提供产品的组织的质量管理体系，1979 年，ISO 成立了质量管理和质量保证技术委员会；1986—1987 年，ISO 发布了 ISO 9000 系列标准，它包括 6 项标准：ISO 8402《质量——术语》标准，ISO 9000《质量管理和质量保证标准——选择和使用指南》，ISO 9001《质量体系——设计开发、生产、安装和服务的质量保证模式》，ISO 9002《质量体系——生产、安装和服务的质量保证模式》，ISO 9003《质量体系——最终检验和试验的质量保证模式》，ISO 9004《质量管理和质量体系要素——指南》。

1987 年版的 ISO 9000 系列标准发布之后，截至 2023 年共进行了 3 次修改。

（一）1994 年的修改——“供应商选择的标准”

此次修改保持了 1987 年版标准的基本结构和总体思路，只对标准的内容进行技术性局部修改，并通过 ISO 9000-1 和 ISO 8402 两个标准，引入了一些新的概念和定义，如过程和过程网络、受益者、质量改进、产品（硬件、软件、流程性材料和服务）等，为第二次修改提供了过渡的理论基础。

1994 年，ISO/TC 176 完成了对标准的第一次修改工作，提出了 ISO 9000 族标准的概念，发布了 1994 年版的 ISO 8402、ISO 9000-1、ISO 9001、ISO 9002、ISO 9003 和 ISO 9004-1 等 6 个国际标准。到 1999 年底，陆续发布了 22 项标准和 2 项技术报告。

（二）2000 年的修改——“制度自主管理的国际通识标准”

第二次修改是在充分总结前两个版本标准的长处和不足的基础上，对标准总体结构和技术内容两个方面进行的彻底修改。2000 年 12 月 15 日，ISO/TC 176 正式发布了 2000 年版的 ISO 9000 族标准。

2000 年版 ISO 9000 族标准更加强调了顾客满意及监视和测量的重要性，增强了标准的通用性和广泛的适用性，促进质量管理原则在各类组织中的应用，满足了使用者对标准更通俗易懂的要求，强调了质量管理体系要求标准和指南标准的一致性。2000 年版 ISO 9000 标准对提高组织的运作能力、增强国际贸易、保护顾客利益、提高质量认证的有效性等方面产生了积极而深远的影响。

从 ISO 9000 系列标准的演变过程可见，1987 年版 ISO 9001 标准从自我保证的角度出发，更多关注的是企业内部的质量管理和质量保证；1994 年版 ISO 9001 标准则通过 20 个质量管理体系要素，把用户要求、法规要求及质量保证的要求纳入标准的范围；2000 年版 ISO 9001 标准在标准构思和标准目的等方面出现了具有时代气息的变化，过程方法的概念、顾客需求的考虑、持续改进的思想贯穿整个标准，把组织的质量管理体系满足顾客要求的能力和程度体现在标准的要求之中。

（三）2015 年的修改——“永续品质经营的（供应链）标准”

本次标准的变化幅度相当大，特别是在结构、视野、兼容性、适用及易用性方面，同时，也引入了一些最新的管理理念 / 要求（如风险管理、知识管理等）。标准的编写者（ISO/TC 176）寄希望此次改版能为未来 10 年乃至更长时间提供稳定的核心标准。

新版标准将依照 ISO/IEC 导则第一部分（ISO/IEC Directives, Part 1, Consolidated ISO Supplement-Procedures Specific to ISO）附则 SL 附录 2 给出的顶层结构、核心要求、术语 / 定义展开。一个大的趋势是，遵照 ISO/

IEC 导则的要求，所有（MSS 管理体系标准）应原则上使用这一统一的结构、通用的文本和术语，以使其相互兼容和易于使用。

为呼应 ISO/IEC 导则第一部分附则 SL 的框架性要求，新版 ISO 9000 标准在第四章中增加了对组织及其所处环境（Context）的要求。这里所说的环境指的是组织的经营环境 / 背景，它包括外部和内部两个视角：外部环境指的是法律、技术、竞争、市场、文化、社会和经济环境方面的考虑，无论是国际、国家、地区还是本地的；而内部环境则涉及组织的价值观、文化、绩效等。

组织不可能存在于真空之中，基于对所处环境的综合考虑，高度不同、视野不同，质量管理体系不再是闭门造车，基于你所处的位置、环境及战略方向做出的决策也将更有利于引领组织实现持续成功。

ISO 9000 族标准是 ISO 颁布的在全世界范围内通用的关于质量管理和质量保证方面的标准，它不是指一个标准，而是一族标准的统称，目前已被 80 多个国家采用。

ISO 9000 族标准主要是为了促进国际贸易而发布的，是买卖双方对质量的一种认可。一般来说，客户希望拿到的产品不仅要求当时检验是合格的，而且在产品的全部生产和使用过程中，对工人、设备、方法和文件等一系列工作都提出了明确的要求，通过工作质量来保证实物质量，最大限度地降低它隐含的缺陷。现在，许多国家把 ISO 9000 族标准转化为自己国家的标准，鼓励、支持企业按照这个标准来组织生产，进行销售。而作为产品的需求方，希望产品的质量当时是好的，在以后的使用过程中，也能将故障率降到最低限度。即使存在缺陷，也能提供及时的服务。在这些方面，ISO 9000 族标准都有严格的规定。

通过 ISO 9000 质量认证，在国际贸易中已经成为买方对卖方的一种基本要求。符合 ISO 9000 族标准，就取得了一张通向国际市场的通行证。一个现代企业，要使自己的产品能占领并巩固国内外市场，就一定要把质量管理作为工作的重点。由于 ISO 9000 体系是一个市场机制，很多国家为了保护自己的消费市场，鼓励消费者优先选购获 ISO 9000 质量认证的企业产品。可以说，通过 ISO 9000 质量认证已经成为企业产品质量、工作质量的一种证明。

二、ISO 9000 质量管理理论基础

ISO 9000 族的理论核心是 8 项质量管理原则（ISO 9000：2000），因为随着全球竞争的不断加剧，质量管理越来越成为所有组织管理工作的重点。一个组织应具有怎样的管理和文化，才能保证向顾客提供高质量的产品？ISO/TC 176/SC 2/WG 15，通过广泛的顾客调查制定了质量管理 8 项原则。

原则 1：以顾客为关注焦点——组织依存于顾客。因此，组织应理解顾客当前的和未来的需求，满足顾客要求并争取超越顾客的期望。

原则 2：领导作用——领导者将本组织的宗旨、方向和内部环境统一起来，并创造使员工能充分参与实现组织目标的环境。

原则 3：全员参与——各级人员是组织之本，只有他们的充分参与，才能使他们的才干为组织带来最大的收益。

原则 4：过程方法——将相关的资源和活动作为过程进行管理，可以更高效地得到期望的结果。

原则 5：改进——成功的组织总是致力于持续改进。

原则 6：循环决策——基于数据和信息的分析和评价的决策更有可能产生期望的结果。

原则 7：关系管理——为了持续成功，组织需要管理与供方等相关方的关系。

原则 8：互利的供方关系——通过互利的关系，增强组织及其供方创造价值的能力。

8 项质量管理原则 ISO/TC 176（TC 176 指质量管理体系技术委员会）在总结质量管理实践经验的基础上，用高度概括、易于理解的语言所表述的质

量管理的最基本、最通用的一般性规律，成为质量管理的理论基础。它是组织领导者有效地实施质量管理工作必须遵循的原则。同时，也为从事质量工作的审核员，为指导组织建立质量管理体系的咨询人员和组织内从事质量工作的人员学习、理解、掌握 2015 年版 ISO 9000 族标准提供了帮助。

新版标准在质量管理体系的方法和概念方面都有很显著的变化，因而万众瞩目。它也给质量管理体系的实施、过渡和保持带来诸多挑战。（ISO 9000：2015）

2008 年旧版的 8 项原则在新版中变为 7 项，旧版的 8 章变为新版的 10 章，6 个强制性程序变为 6 个不必以程序形式出现的强制性文件。这些变化可为质量管理体系文件提供更多的灵活性。

新版有一些新要求，其中，最重要的是组织环境（第四章）及风险和机遇应对措施（条款 6.1）。这些要求的目的，是让质量管理体系融入企业日常业务活动。同时，一些旧的要求被取消：管理者代表和预防措施不再是 ISO 9001 的一部分，不过，组织可以决定是否将其保留。

在标准的不同部分，变化程度也不同。质量方针、领导作用、能力、培训和意识、管理评审、内部审核及纠正措施只有轻微的变化，现有质量管理体系中的相关要求大部分能保持原样。第二组要求具有中度的变化，包括外部提供的过程、产品和服务的控制、质量目标和实现质量目标的策划、绩效评估、文件管理、生产和服务提供及质量管理体系的范围。这些要求应加以修订和更新，使之符合新版标准。第三组是需要从头建立、纳入现有质量管理体系并加以满足的新要求。它们是风险和机遇、组织环境及相关方。这组要求是对质量管理体系的全新展开，值得深入探讨。ISO 9001：2015 版更加强调质量管理体系应：

——更好地与其他业务活动整合；

——提高过程方法和 PDCA 循环；

——下放权力，让组织上下均负有质量管理体系责任；

——让最高管理者更多地参与质量管理体系；

——为质量管理体系引入基于风险的思考方式；

——更强调绩效监视。

（一）原则1：以顾客为关注焦点

1. 释义

质量管理的主要关注点是满足顾客要求并且努力超越顾客的期望。

2. 理论依据

组织只有赢得顾客和其他相关方的信任才能获得持续成功。与顾客相互作用的每个方面，都提供了为顾客创造更多价值的机会。理解顾客和其他相关方当前与未来的需求，有助于组织的持续成功。

3. 可开展的活动

（1）了解从组织获得价值的直接和间接顾客。

（2）了解顾客当前与未来的需求和期望。

（3）将组织的目标与顾客的需求和期望联系起来。

（4）将顾客的需求和期望，在整个组织内予以沟通。

（5）为满足顾客的需求和期望，对产品和服务进行策划、设计、开发、生产、支付与支持。

（6）测量和监视顾客满意度，并采取适当措施。

（7）确定有可能影响到顾客满意度的相关方的需求和期望，确定并采取措施。

（8）积极管理与顾客的关系，以实现持续成功。

4. 主要收益

（1）增加顾客价值。

（2）提高顾客满意度。

（3）强化顾客忠诚。

（4）增加重复性业务。

（5）提高组织的声誉。

（6）扩展顾客群。

（7）增加收入和市场份额。

（二）原则2：领导作用

1. 释义

各层领导建立统一的宗旨及方向，他们应当创造并保持使员工能充分实现目标的内部环境。

2. 理论依据

统一的宗旨和方向，以及全员参与，能使组织将战略、方针、过程和资源保持一致，以实现其目标。

3. 可开展的活动

（1）在整个组织内，就其使命、愿景、战略、方针和过程进行沟通。

（2）在组织的所有层次创建并保持共同的价值观和公平道德的行为模式，培育诚信和正直的文化。

（3）鼓励在整个组织范围内履行对质量的承诺。

（4）确保各级领导者成为组织人员中的实际楷模。

（5）为组织人员提供履行职责所需的资源、培训和权限。

（6）激发、鼓励和表彰员工的贡献。

4. 主要收益

（1）提高实现组织质量目标的有效性和效率。

（2）组织的过程更加协调。

（3）改善组织各层次、各职能间的沟通。

（4）开发和提高组织及其人员的能力，以获得期望的结果。

（三）原则3：全员参与

1. 释义

整个组织内各级人员的胜任、授权和参与，是提高组织创造价值和提供价值能力的必要条件。

2. 理论依据

为了有效和高效地管理组织，各级人员得到尊重并参与其中是极其重要的。通过表彰、授权和提高能力，促进在实现组织质量目标过程中的全员参与。

3. 可开展的活动

（1）与员工沟通，以增进他们对个人贡献重要性的认识。

（2）促进整个组织的协作。

（3）提倡公开讨论，分享知识和经验。

（4）让员工确定工作中的制约因素，毫不犹豫地主动参与。

（5）赞赏和表彰员工的贡献、钻研精神与进步。

（6）针对个人目标进行绩效的自我评价。

（7）为评估员工的满意度和沟通结果进行调查。

（8）采取适当的措施。

4. 主要收益

（1）通过组织内人员对质量目标的深入理解和内在动力的激发以实现其目标。

（2）在改进活动中，提高人员的参与程度。

（3）促进个人发展，提高主动性和创造力。

（4）提高员工的满意度。

（5）增强整个组织的信任和协作。

（6）促进整个组织对共同价值观和文化的关注。

（四）原则 4：过程方法

1. 释义

当活动被作为相互关联的功能连贯过程进行系统管理时，可更加有效和高效地得到预期的结果。

2. 理论依据

质量管理体系是由相互关联的过程组成的。理解体系是如何产生结果的，能使组织尽可能地完善体系和绩效。

3. 可开展的活动

（1）确定体系和过程需要达到的目标。

（2）为管理过程确定职责、权限和义务。

（3）了解组织的能力，事先确定资源约束条件。

（4）确定过程相互依赖的关系，分析个别过程的变更对整个体系的影响。

（5）对体系的过程及其相互关系继续管理，有效和高效地实现组织的质量目标。

（6）确保获得过程运行和改进的必要信息，并监视、分析和评价整个体系的绩效。

（7）对能影响过程输出和质量管理体系结果的风险进行管理。

4. 主要收益

（1）提高关注关键过程和改进机会的能力。

（2）通过协调一致的过程体系，始终得到预期的结果。

（3）通过过程的有效管理、资源的高效利用及职能交叉障碍的减少，尽可能提高绩效。

（4）使组织能向相关方提供关于其一致性、有效性和效率方面的信任感。

（五）原则5：改进

1. 释义

成功的组织总是致力于持续改进。

2. 理论依据

改进对于组织保持当前的业绩水平，对其内外部条件的变化做出反应并创造新的机会都是非常必要的。

3. 可开展的活动

（1）促进在组织的所有层次建立改进目标。

（2）对各层次员工进行培训，使其懂得如何应用基本工具和方法实现改进目标。

（3）确保员工有能力成功地制定和完成改进项目。

（4）开发和部署整个组织实施的改进项目。

（5）跟踪、评审和审核改进项目的计划、实施、完成和结果。

（6）将新产品开发或产品、服务和过程的更改都纳入改进中予以考虑。

（7）赞赏和表彰改进。

4. 主要收益

（1）改进过程绩效、组织能力和顾客满意度。

（2）增强对调查和确定基本原因以及后续的预防和纠正措施的关注。

（3）提高对内外部的风险、机会的预测和反应能力。

（4）增加对增长性和突破性改进的考虑。

（5）通过加强学习实现改进。

（6）增加改革的动力。

（六）原则6：循环决策

1. 释义

基于数据和信息的分析和评价的决策更有可能产生期望的结果。

2. 理论依据

决策是一个复杂的过程，并且总是包含一些不确定因素。它经常涉及多种类型和来源的输入及其解释，而这些解释可能是主观的。重要的是理解因果关系和潜在的非预期后果。对事实、证据和数据的分析可导致决策更加客观，因而更有信心。

3. 可开展的活动

（1）确定、测量和监视证实组织绩效的关键指标。

（2）使相关人员能够获得所需的全部数据。

（3）确保数据和信息足够准确、可靠和安全。

（4）使用适宜的方法对数据和信息进行分析和评价。

（5）确保人员对分析和评价所需的数据是胜任的。

（6）依据证据，权衡经验和直觉进行决策并采取措施。

4. 主要收益

（1）改进决策过程。

（2）改进对实现目标的过程绩效和能力的评估。

（3）改进运行的有效性和效率。

（4）增加评审、挑战和改变意见和决策的能力。

（5）增加证实以往决策有效性的能力。

（七）原则 7：关系管理

1. 释义

为了持续成功，组织需要管理与供方等相关方的关系。

2. 理论依据

相关方影响组织的绩效。组织管理与所有相关方的关系，以最大限度地发挥其在组织绩效方面的作用。对供方及合作伙伴的关系网的管理是非常重要的。

3. 可开展的活动

（1）确定组织和相关方（例如供方、合作伙伴、顾客、投资者、雇员或整个社会）的关系。

（2）确定需要优先管理的相关方的关系。

（3）建立权衡短期收益与长期考虑的关系。

（4）收集并与相关方共享信息、专业知识和资源。

（5）适当时，测量绩效并向相关方报告，以增加改进的主动性。

（6）与供方、合作伙伴及其他相关方共同开展开发和改进活动。

（7）鼓励和表彰供方与合作伙伴的改进和成绩。

4. 主要收益

（1）通过对每一个与相关方有关的机会和限制的响应，提高组织及其相关方的绩效。

（2）对目标和价值观，与相关方有共同的理解。

（3）通过共享资源和能力，以及管理与质量有关的风险，增加为相关方创造价值的能力。

（4）使产品和服务稳定流动的、管理良好的供应链。

（八）原则 8: 互利的供方关系

1. 释义

组织和供方之间保持互利关系，可增进两个组织创造价值的能力。

2. 可开展的活动

（1）识别并选择主要的供方。

（2）把与供方的关系建立在兼顾组织和社会的短期利益与长远目标的基础之上。

（3）清楚地、开放式地进行交流。

（4）共同开发、改进产品和过程。

（5）共同理解顾客的需求。

（6）分享信息和对未来的计划。

（7）承认供方的改进和成就。

三、ISO 9000 质量管理的核心要义

ISO 9000 标准中提出的质量管理 8 项原则的首项原则，也就是 ISO

9000族的核心要义是“以顾客为关注焦点”的理念。该理念强调组织应理解顾客当前和未来的需求，满足顾客要求并争取超越顾客期望。国内外的大量实践证明：组织只有理解与掌握了顾客的需求和期望，才能有的放矢地不断改进和完善自己的产品或服务，才能真正实现顾客满意并最终为自己的生存和发展赢得更大的空间。

顾客满意是人类社会的一种基本愿望，是人类永无止境的追求。顾客满意是社会发展的基本动力。顾客满意的需求，牵动着科技的发展和管理的改善；科技进步和管理改革又随时在创造着使顾客、使社会满意的产品。顾客满意是为人们服务的直接要求，是人们满意的主要体现。满足顾客正当需求和顾客满意程度的高低，是物质精神文明生活的一个基本标志，是衡量各种社会经济文化活动的一个尺度。在全球化买方市场中，让顾客满意是组织和国家兴旺发达的根基。实施顾客满意工程，是组织立于不败之地的基石，是竞争中取胜的法宝。

（一）顾客满意的基本概念

以顾客满意为中心是现代管理的核心，是世界各国发展的共同趋向。建立以顾客满意为中心的经营管理体制和组织文化，是组织振兴的必由之路。建立顾客满意指数，进行顾客满意程度调查、分析和比较，是推进组织、地区、行业进步的动力，是制定有关方针政策、策划的重要依据，是提高经济运行质量和效益的重要武器。

（二）顾客满意的层次

顾客满意包括产品满意、服务满意和社会满意3个层次。

产品满意是指企业生产的产品带给顾客的满足状态，包括产品的内在质量、价格、设计、包装、时效等方面令顾客满意。产品的质量满意是构成顾客满意的基础因素。

服务满意是指产品售前、售中、售后，以及产品全生命周期的不同阶段采取的服务措施令顾客满意。这主要是在服务过程的每个环节上都能设身处地地为顾客着想，做到有利于顾客、方便顾客。

社会满意是指顾客在对企业产品和服务的消费过程中体验到的对社会利益的维护，主要指顾客整体社会满意，它要求企业的经营活动要有利于社会文明进步。

（三）顾客满意的内容分析

从企业角度来讲，顾客满意是成功地理解某一顾客或某部分顾客的偏好即多极化的需求，并着手为满足顾客需要而做出相应努力的结果。随着我国经济由卖方市场向买方市场的转变和市场的日益规范化，市场竞争已直接成为全面争夺顾客、满足顾客的竞争。一个企业能否赢得更多的顾客，则在于企业提供产品和服务的质量是否能让顾客满意。因此，顾客满意又是质量的最终标准，同时，也是企业生存和发展的先决条件。概括来讲，其内容有下列几个方面。

1. 理念满意

理念满意是企业经营理念带给顾客的满意状态。它应包含经营宗旨满意，经营方针满意，经营哲学满意，企业质量观、服务观、顾客观满意等企业理念必须体现以顾客为中心的这一思想。理念设置必须体现顾客第一的精神。

2. 行为满意

行为满意是企业全部运行状态带给顾客的满意度。行为满意系统包括行为机制满意、行为规则满意、行为模式满意 3 个方面的内容。

3. 视听满意

视听满意是企业可视性和可听性外在形象带给企业的内外顾客的满足状态。视听满意系统强调了各视听要素带给顾客的满意度。视听满意系统包括企业名称满意、标志满意、标准色满意、标准字满意和应用系统满意等内容。

4. 产品满意

产品满意是企业产品带给顾客的满意状态。其内容有产品质量满意，功能、设计、包装满意和产品价格满意等。

5. 服务满意

服务满意是企业服务带给顾客的满足状态。服务满意系统包括绩效满意、保证系统满意、完整性满意、方便性满意、情绪与环境满意等。

如今，世界经济已进入服务经济时代，服务因素在全球经济竞争中已取代了产品质量和价格的竞争。这是因为受国际经济大循环的影响，同行业之间生产水平和产品基础，市场营销功能及特性方面的差距越来越小，故而服务就成了竞争的新焦点。因此，为顾客提供满意的服务，是企业不断发展和掌握市场主动权的关键。

（四）识别顾客是谁

1. 组织与顾客

组织以顾客存在为前提条件，组织与顾客是供需的关系，针对一个组织来说，其顾客往往多于一个。组织与顾客的关系是变化不定的。顾客可以选择组织，而组织却期望被选中。

2. 内部顾客

组织的内部顾客是指组织内部部门之间、上一道工序和下一道工序之间互为顾客，视其满意为顾客满意，提高组织内部的满意度是和谐组织环境、加强合作、提高效率的必要措施和途径。

3. 外部顾客

外部顾客相对于内部顾客而言，主要是指产品和服务的消费者，外部顾客的需求优先于内部顾客的需求，以外部顾客的满意为前提条件。

4. 中间顾客

产品流转过程中存在着相当多的中间环节，任何一个中间环节既是前一个环节的顾客，又是下一个环节的组织。对生产者来说，既不能忽视中间顾客，也不能忽视最终顾客。所有的中间顾客一旦作为组织，都应把顾客满意，特别是最终顾客的满意作为自己质量管理的出发点，而不应将此全部推给生产者。

5. 最终顾客

购买者与使用者不是同一个组织或个人。使用者包括两个或两个以上的组织或个人，通常意义上就是最终消费者。

6. 潜在顾客

对某个地区来说，该地区可能是潜在的销售市场，该地区的组织或个人则成为潜在顾客；对某个阶层（例如：以收入划分的阶层，以城乡划分的阶层等）来说，该阶层的组织或个人则成为潜在顾客；对某个组织或个人来说，可能是本组织的潜在顾客。

发现顾客的潜在需求，找到潜在的顾客，是 ISO 所积极倡导的。

（五）识别顾客满意的心理基础：需求和期望

1. 人生需要

（1）基本生活需要。基本生活需要是人的最基本的需要，包括食物、氧气、水、睡眠、活动等。

（2）安全需要。安全需要包括安全感、稳定感、秩序、在自己环境中的人身安全等。

（3）归属与爱的需要。归属与爱的需要包括与别人交际的社会需要，如情感等。

（4）尊重需要。尊重需要包括自尊、自重、威信和成功，以及享受、审美等对精神愉悦的需要。

（5）自我实现的需要。自我实现的需要包括实现自己的潜能，充分发挥自己的能力。

2. 人生需要转化为期望

人生需要在转化为期望时，作为一个顾客可表现为：

（1）顾客需求的多样化、个性化；

（2）顾客的需求是在不断提高和变化的；

（3）竞争对手的水平对顾客需求有很大的影响；

（4）对顾客的潜在需求调查很困难。

（六）顾客需求信息的来源

1. 通过实地调查收集顾客需求信息

询问调查法、观察法、实验法。

2. 来源于一些他人收集并经整理过的信息

例如，组织内部各有关部门的记录，政府机关、金融机构发布的统计资料，公开出版的期刊、报纸、书籍、研究报告、工商组织名录等；市场研究机构、咨询机构、广告公司公布的资料，行业协会公布的行业资料；分销商、推销员提供的信息。

（七）ISO 9000 要求理解顾客需求并掌握令顾客满意的具体措施

具体措施如下。

（1）组织管理者要真正确立“顾客第一”的战略思想。

（2）充分收集顾客信息。

（3）与顾客建立相互信任的个人关系。

（4）善待每个顾客。

（5）要理解顾客的价值取向。

（6）理解和满足不同顾客的不同需求。

（7）派出业务人员去体验顾客的要求。

（8）建立与顾客的沟通渠道。

——产品信息。产品信息包括两个方面，一是出售产品的信息，二是产品本身的信息。一般来说，前者涉及广告，后者涉及使用说明书。组织应当及时宣传自己的产品，包括广告、投标、上门推销等。这实际上也是一种为顾客服务的措施，使顾客能及时获得产品信息。使用说明书不仅是产品的附属物，而且是与顾客沟通的一种方式，其内容必须明确、具体、正确、无误、便于顾客理解，也应严格按设计输出的文件进行控制。过分简化的说明书是不利于与顾客沟通的。如果说明书连审核人员都难以理解，肯定是不符合 GB/T 19000—ISO 9000 族标准要求的，至少将被作为观察项记录在案。

——顾客对产品的要求。顾客对产品的要求，一般是通过问询、合同或订单来表达的，但问询、合同或订单本身的语言和文字往往难以准确表达其全部意思。组织在与顾客交往时，应在程序上进行适当安排，与顾客进行沟通。例如，对顾客对问询、合同或订单中的不明白事项进行解释，或将自己的理解结果通过图样、文件、样品等向顾客反馈。此外，还需与顾客建立必要的沟通渠道，以便在有关的合同或订单的要求需要修改时也能进行沟通。

四、ISO 9000 质量管理的实践

（一）质量管理实践 1——生产型企业管理的法宝

客户满意度调查和月度、年度投诉处理。

月度质量管理分析报告：自 11 月 1 日至 11 月 30 日，公司共接到客户投诉 12 起，投诉原因主要涉及颜色不符（颜色方面有反映整批颜色跟样品不符、发黑、透明度不行、同一卷或同一批颜色不一致等）、冲切爆边、硅油比例不对、收卷不齐和标签错误等方面。

上述质量问题经生产、技术、质量等各方面综合分析，原因有以下几点。

人的因素：如配料工不严格按工艺配方配料，同一批次的产品采用不同来源的回料，导致片材颜色不一致；收卷工未严格自检，收卷不齐的、

同一卷颜色有差异的未及时发现；未严格按客户要求配比硅油；机长、质检巡检不严，未能及时发现厚度、宽度、颜色、脆性等问题而导致客户投诉。

措施：严格按工艺卡配料并如实记录，同一批次的产品应采用同一厂家、同一来源的原材料；严格执行自检、首检、巡检制度，杜绝不良品流出。

机器的因素：如配料搅拌不均匀、分层、沉底，侧喂料的使用导致颜色不一致。

措施：采用先结晶后搅拌的工艺，延长搅拌时间，使配料充分搅拌均匀，侧喂料尽量不要使用。

原材料的因素：原材料的水分含量、回料的质量等会导致片材发黑、发脆。

措施：延长结晶干燥时间，做好回料分级并标识清楚。

工艺的因素：工艺配方问题，如 B 级料使用过多、色母配比不当、结晶时间短等导致发黑、发脆、透明度低、颜色不一致。

措施：重新调整工艺配方，延长结晶时间。

结合公司现状：工艺配方、流程待完善，设备需改进，未全员参与质量管理，内、外沟通问题，员工质量意识差、检验人员的专业能力待增强、供应链的管理稳定，质量异常处理的合理性等都是公司提高质量的突破口。

公司应该从以下几个方面进行质量提升。

（1）发挥质量管理体系的系统规划能力，建立有效的质量管理制度和程序文件对各环节进行细化与量化，重点、关键过程明确、规范化、流程化。

例如重新调整工艺配方，生产计划单和工艺配方要下发到车间，生产主管、机长要签字确认，各岗位（包括配料、收卷）都必须明确产品的各项要求。

（2）建立有效的培训计划，对技术人员和管理人员分别进行培训。

例如，从生产工艺、设备操作等逐一地对生产、检验、销售和相关人员进行培训，直至每位员工都熟悉各生产工序和检验操作的各环节。

（3）建立畅通的沟通机制，强调上下沟通、同级沟通和内外部沟通的重要性。沟通主要表现在公司各部门的沟通和协作上，这容易造成部门与部门之间的沟通障碍和工作缺位。外则表现在与供货商、客户的质量异常处理的合理沟通和交流上，这是缺乏质量服务意识的表现。关于质量管理公司除了要对生产进行控制、质量监督与管理分析外，还应把客户的满意和需求作为工作重点。

（4）建立供应商评价机制，找到优质、稳定、可靠的供应商，降低公司质量风险。

例如，原材料采购制度明确采购职责、进厂采购评估、月度质量分析和评估。

（5）建立预防的思维，质量管理的最高境界是预防，而不是出了问题后如何挽救，制定质量风险点识别管理办法。以质量为重点进行预防控制，结合事后检验分析、追踪功能，持续改进工作。把以前试验结果及总结的一些经验和规律进行再复习；一旦发现新经验和规律，就深入研究。

（6）健全质量记录。对生产过程的各环节依据程序保留必要的记录文件。过程控制要有量化和可追溯的强烈意识，任何细节尽一切可能用数据去记录，过程细节不进行控制和追溯会误导纠正、预防措施的制定。

（二）质量管理实践 2——与时俱进的质量管理

结合智能工厂建设，企业同步推进质量管理和信息化工作，在企业运行中落实以下技术手段。

1. 在公司或业务单位级别设置目标指标，签订目标责任书

受访组织使用两种主要技术来建立目标指标，以便为企业质量措施建

立目标指标。第一种技术是以企业为中心，领导设置目标。

第二种技术属于业务单位，质量测量目标设定在个人、业务部门及公司级别。

2. 制定企业质量的制度文件，并且使用唯一的管控程序

在公司层面保留了一套质量措施。例如，企业制定的管理制度汇编、内控手册和质量记录等，对生产过程进行质量管控，参考例 1 是否管控有效。

例 1：在某水泥企业化验室审核时，审核员查看“控制组值班综合记录台账”，发现 3 月 1 日的记录中显示，SO_3 每 2 小时检测一次，控制指标为（2.5 ± 0.2）%，其中，14：00、16：00、18：00 实际检测值分别为 2.8%、3.0%、3.0%，属于连续 3 个点不合格，于是索要“质量事故通知单”。控制组组长答复说，出现这种情况时都是通过电话要求车间进行调整的，车间都会及时采取措施。

3. 公司标准化管理中使用的工具

公司在测量定义和计算方面制定某种程度的标准化策略，每个组织内的所有部门会依据标准化要求进行管理。

采用科学的质量管理工具，用于收集和分析质量数据，分析和确定质量问题，常用的有因果图、控制图、调查表、分层法、关联图、正交试验设计法、头脑风暴法和流程图等。

4. 设置绿色、黄色和红色的性能阈值，进行质量预警

大多数组织都使用人们熟悉的绿色、黄色和红色来表明质量令人“满意、一般和不满意”，以此来确定产品特定性能的质量。

5. 制定多样式的方法，以收集来自单位各部门的数据，在公司层面上整合

针对各部门偏离的指标测量结果，在公司级别创建复核措施。这有助于高管迅速了解整体质量情况，同时为经营管理部门更深层次地了解质量方面的问题提供更广阔的视角。

6. 审查每月的质量运行报告

每月收集并审查公司质量措施，提高早期识别和解决问题的能力。

7. 通过自动系统收集数据，同时测量透明

通过报告系统和工具，组织中的用户能够随时随地在整个企业中查看任何程序或聚合组的质量措施。提供高度透明的组织，即计划 / 行业 / 公司管理层可以看到所有部门和方案的质量措施，而不仅仅是直线报告，从各级工作人员获得价值信息。

（三）质量管理实践 3——新形势下教学管理实践

工程质量是建筑企业生存之根本。现场施工质量控制既是企业质量体系的重要组成部分，又是质量体系中的终端节点，还是工程产品质量的最终体现。结合新形势的需要，应重点做好技能培训、增强意识、民主建制、总包管理、提升品牌等几个主要方面的工作，为质量管理工作提供有力的保障，以下着重叙述新形势下项目质量管理。

1. 加强技能培训，提高施工质量

近年来，建筑劳务人员思想、行为发生了变化，“人员老化、技术退化、工具简化、素质低下”现象突出，其操作能力、质量意识、技术水平跟不上行业发展的要求；管理人员学历高、理论深，但实践技能匮乏，指导能力欠缺。

究其原因有四。一是随着生活水平的提高，从事建筑劳务人员数量逐年减少；二是房地产业扩张对建筑工人产生大量需求；三是接受高中以上学历教育的人，通常都不会选择建筑劳务，人员的大规模跨区域流动减少；四是随着建设规模不断扩大，建筑企业大量聘用学校毕业生从事管理岗位，管理人员学历与现场管理经验不能匹配。重叠的不利因素，给施工质量管理增加了难度。解决上述问题必须从以下几个方面着手。

创新思路，加强了解。建筑劳务人员是一种社会资源，和其他产业工人一样都可以通过市场来优胜劣汰。只有创新劳务管理机制，才能抢得优

质劳务资源的先机。在引进队伍前，首先，应了解队伍以前施工的工程质量、工期、施工能力、劳动力储备、信誉等情况。其次，在了解信息后，要在施工过程中对其施工能力、技术水平进行评估、总结，有针对性地进行培训。

强化培训，提高节能。在施工中，针对不同素质的劳务队伍采用不同的培训方法，不定期组织操作技能培训，培训分工种、按阶段进行。开展技能比赛活动，在精神和物质上给予奖励，有利于提高队伍整体素质和技能。

营造氛围，增强意识。施工质量管理随着工程进度的变化而变化，不确定因素多。因此，强化质量管理要从每个人的观念上寻求突破，发挥操作人员主观能动性，紧跟质量规范步伐，自觉解决质量问题。为此，项目部需要通过教育和宣传营造浓厚氛围，以引导、约束操作人员思想和行为。

对于新进场的劳务人员及时进行入场质量教育和政策宣贯，包括国家质量法律、法规，企业的质量方针、理念和制度。质量教育渗透在日常工作中，重点突出质量意识的提高。

强化训练，提升能力。培训是理论素养和实践知识提升的有效途径。据有关资料，美国有一项统计：企业每增加 1 美元的培训费投入，就会增加 3 美元的产出。因此，美国和欧洲发达国家的企业都十分重视人员培训，很多企业都不惜重金设立自己的内部大学。我国也有企业内部大学，以管理理论培训为主，旨在加强管理人员技能训练、提升指导能力。

在技能训练方面，首先，激发管理人员参与技能训练的热情，建立技能训练奖励机制。以 2 个月或 3 个月作为考核期，将实践技能等级考核作为与薪酬和职级挂钩的指标之一，以考促教，以考促学，给予优胜者和导师奖励。其次，鼓励管理人员参加国家、省级技能等级考试；各类技能比赛，使技能强的管理人员有自豪感、成就感，真正培养一支会操作、能指导、善管理的管理队伍。

2. 不断完善制度，加强动态管理使项目质量管理有章可循

在施工前，项目质检部必须制定管理制度，制度的建立应充分征求管理人员、员工队伍的意见，合理修改并公布实施。这种民主建制方式，既使得制度合情合理，又得到了管理人员、员工队伍的赞同和支持，有利于逐项落实。加强动态管理，始终坚持事前交底、事中检查、事后总结。

（1）事前交底，保证工序质量。事前控制是工序质量的保障。在施工前，管理人员应对各班组进行详细的质量交底，包括所属分项工程的施工工序、技术要求、工艺操作要点及质量标准，将质量问题消除在萌芽状态。

（2）事中检查，注重关键环节。提高检查频率能提高质量的保证率，发现问题及时纠正。

（3）事后总结，积累管理经验。勤于学习，善于总结是个人进步的助推器。对于管理质量人员来说，若要做好总结，就要在全面学习质量管理知识的基础上，对质量差的工序，分析成因，加以改进；对质量好的工序，总结经验，大力推广。

3. 取舍兼顾平衡，合理解决施工进度与施工质量之间的矛盾

施工进度是甲方关注的重点，也是施工企业展示实力和形象的窗口；施工质量是施工企业发展之本，是企业管理水平的综合体现。在这对矛盾的处理上要通盘考虑工期和质量要求，在抢工期、抓进度的同时，一定要将施工质量摆在首位。

（四）建造优质工程，提升企业品牌

“质量第一、信誉第一、服务第一”是建筑行业永恒的追求，也是衡量建筑企业品牌价值大小的 3 个关键性指标。建筑企业打造质量品牌形象，必须以建造优质工程为前提，因为建筑工程都由不可复制的群体或单位构成，标准化的控制和批量化的生产难以实现，所以施工过程工序优质

化无疑是体现其质量等级的重要标准。在工程开工至竣工管理过程中，加强协作、沟通、注重管理、掌握过程、精耕细作、创造亮点是建造优质工程的关键，更是提升企业品牌的核心因素。

第三节
国内外质量管理比较

目前，国内外先进企业普遍采用国际认可的 ISO 9001 质量管理体系标准认证。质量管理体系对国内企业来说是引入先进管理理念，许多企业最初将认证作为企业质量管理水平达到一定程度的标志，对外宣传通过了国际 ISO 9001 标准认证。随后，国内企业在“走出去”和争取在国际舞台发挥更大作用的大趋势下，采取了直接组建国际化分子公司或与西方合作等多种形式。无论采取何种方式，国内企业建立国内、国外统一的质量管理构架和相对统一的作业文件体系都有利于提高国内、国外资源的调配效率，打造国际认可的品牌形象。

后来，国内企业在质量管理发展的过程中跟随国际化标准 ISO 9001 的不断更新，结合本国实际大胆创新成为符合中国国情的 GB/T 19001 质量管理标准体系，最近一次修订发生在 2016 年，将顾客满意度、企业相关方识别、人才培训培养和风险机遇识别提到一个新的高度，这是适应瞬息变化的社会环境而衍生的质量管理焦点。

目前，随着大数据、人工智能、物联网等新兴技术的不断涌现而实现持续变革与创新发展，走在前列的企业在一定程度上已不是仅仅扩展内涵、改进工具的渐进式发展，而是基于新技术、新模式、新业态的变革式发展，全面质量管理和卓越绩效管理逐渐在质量管理体系中成为热点，而一部分企业却仍停留在将质量认证作为标识而非发展手段的落后观念中。各行各业都想突破困境实现新时期的高质量发展，但是对高质量发展的落实维度依然处于探索阶段，21 世纪谁掌控了高质量发展的要义谁就能在国际市场上崭露头角。

一、国内质量管理发展过程

（一）国内质量管理的研究现状

在新中国成立后至 20 世纪 70 年代末，我国质量管理基本上处于质量检验管理阶段，沿用的是苏联 20 世纪 40 年代至 60 年代使用的百分比抽样方法。直到 20 世纪 80 年代初，我国技术抽样检查标准制定贯彻后，才逐步跨入第二个质量管理阶段——统计质量管理阶段。1985 年，随着国家经委颁布了《工业企业全面质量管理方法》，全面质量管理理念在全国被普遍推广。虽然我国对质量管理的研究起步较晚，但很多学者对一些具体的质量管理模式进行了深入的研究，并取得了一定的成果。

苏方新认为，在技术管理比较落后的企业，特别是一些典型的国有企业适合采用 BPR（业务流程重组）模式，引进新设备或改造旧设备，裁减人员，建立新的适应企业发展的管理制度等；在人员素质较低、管理落后，但是技术差距不太大的企业，比较适合采用 ISO 9000 模式，ISO 9000 采用标准条款，便于强制执行，即使人员素质较低，也能实施；而对于员工素质较高的企业，可以实施 TQM（全面质量管理）模式，鼓励员工积极参与，在严格遵守程序的同时，积极发现改进机会；对于那些在同行业中处于领先水平的企业，可以采用卓越绩效管理模式，不断自我完善、自我改进以巩固和增强市场竞争力。

姚玉玲等认为，ISO 9000 创建了最基本的质量管理架构与外部认同效应，六西格玛则体现实实在在的内外部改进绩效。在 ISO 9000 基础上实施与六西格玛的整合，将成为我国企业一种较好的质量管理模式。

虞立箴指出，卓越绩效评价准则提供了组织追求卓越的经营管理模式，它兼容了管理体系标准的要求，组织在贯彻管理体系标准或取得管理体系认证的基础上，深入开展全面质量管理，通过整合卓越绩效评价准则的要求来提高自己的整体绩效和能力，从而使组织持续获得成功。

（二）我国企业质量管理中存在的问题

虽然我国在质量管理研究方面取得了一定的进展，但在实践方面还有很长的路要走。目前，我国众多企业的产品质量、服务质量还有不足之处。在现实中主要表现为如下几点。

（1）假冒伪劣商品屡禁不止，严重扰乱了正常的市场经济秩序，影响了消费者的利益，损害了国家及企业的形象。

（2）产品及服务质量差，损失浪费严重。多数企业的质量标准低，无标生产的现象严重。目前，多数商业服务企业都没有贯彻实施 ISO 9000 系列标准，管理方法上一般凭经验，管理水平较低。顾客是上帝的理念在许多企业的实践中难以落实。

（3）企业员工的质量意识淡薄，对质量问题不重视，没有高度的责任感与危机感。

（4）贯彻 ISO 9000 系列标准不扎实，甚至流于形式。ISO 9000 系列标准要求企业建立能控制生产经营服务的管理系统——质量体系，努力通过权威认证机构的 ISO 9001 质量体系认证。建立健全质量体系并通过认证对企业的发展有重要的影响。然而，我国目前有相当部分的企业还不了解 ISO 9000 标准，不知道什么是质量体系；有的企业建立了质量体系却不愿意认证；有的企业为了认证而认证，不注重基础工作。

上述的种种质量问题严重阻碍了我国经济的发展，是目前迫切需要解决的问题。

（三）解决我国质量管理问题的有关对策

要全面提升企业质量，国家和企业应从以下几个方面来不断努力。

1. 实施品牌战略，创造名牌产品

品牌不是产品和服务本身，而是它留给人们的印象和感觉。在竞争日趋激烈的市场中，产品的差异越来越小，企业间技术上的差距也在不断缩小，单纯依靠产品差异已经很难成为产品竞争的资本，因此产品品牌的差异就尤为重要，品牌价值已经成为企业追逐的目标，品牌资产已经构成企业的核心竞争力。如何维护好品牌，让价格来体现价值，是当今企业面临的首要问题。打造名牌产品，企业需要以质量为核心，设计出质量优良的产品；以顾客为导向，为顾客提供满意的产品；坚持科技领先和科学管理，为社会提供技术含量高的产品。

2. 建设质量文化，培养质量意识

质量文化是企业文化的重要组成部分，是促进企业长期发展的环境和手段，着重提倡现代质量管理的思想和方法，以达到保证产品质量和服务质量的目的。质量管理只有上升到文化层面才会不可战胜，但在我国的一些企业中，质量文化依然处于低层次，主要表现为管理层盲目以利润为中心，严重缺乏对员工的教育培训，导致员工整体质量意识和敬业精神淡薄。因此，企业家在企业中要作为质量文化的创造者，积极推广质量文化，培养员工的质量战略意识、质量竞争意识和质量参与意识。

3. 转变观念，树立以顾客满意为宗旨的质量理念

这里的顾客包括企业内部顾客与外部顾客，企业不仅要通过提供一流的产品和服务使外部顾客满意，同时，在企业内部还应把企业员工作为顾客，建立管理就是服务的理念。企业内部的每个岗位，都要明确其顾客对象，并建立基于顾客满意的质量考核指标和考核方式，由此形成顾客驱动的质量管理体系。

4. 加强质量经济效益分析，提高质量管理水平

质量问题和企业的经济效益密切相关。质量问题从本质上应理解为商品从产生之初到消亡的全过程对社会和消费者造成的损失，而计量损失的大小，这是个经济问题。因此，解决企业的质量问题无论如何不能忽视经济效益这一质量的根本特性，用经济效益去驱动质量管理的进一步发展。加强企业质量管理可以通过对质量经济效益的分析，使提高产品质量与提高企业经济效益达到最完美结合，确定出质量形成各环节中最经济的或最适合的质量水平，并用以指导企业的生产经营活动，从而保证提高产品质量与提高企业经济效益的最佳结合。这种最佳结合既可保证产品质量符合质量标准，又可使企业和社会获得尽可能大的经济效益。

二、国外质量管理发展过程

质量管理专家朱兰博士说："21 世纪是质量的世纪。"质量对于企业的生存和发展有着十分重要的意义。当今，质量成为全世界的共同语言，不论是发达国家还是发展中国家，都提出要高度重视产品质量和服务质量，并且正在纷纷努力寻找提高产品质量和服务质量，不断满足顾客的期望和要求的有效途径。质量已经成为企业生存和发展的第一要素，这已为研究质量问题的学者和国内外大多数企业所认同。

目前，国际公认的质量管理经历了 4 个阶段：第一阶段为质量检验管理阶段，检验单个产品是否符合标准样件；第二阶段为统计质量管理阶段，由于机械化、大批量生产模式出现，利用统计抽样方法检验产品成为必然要求；第三阶段为全面质量管理阶段，调动企业各部门及全体员工的积极性，以最经济的方式，在保证用户充分满意的条件下，实现企业经营质量不断提高；第四阶段为现代质量管理阶段，以 ISO 9000 质量管理体系为平台，充分把现代质量管理理念和方法作为补充，使企业经营走向卓越绩效管理模式。伴随着质量管理的发展，国外的一些质量管理学者提出

了新的质量管理理念。

（一）品牌战略

进入20世纪以来，品牌化的发展有如“核裂变”，时至今日，品牌标记已经无处不在，由此引发的品牌效应和品牌竞争愈演愈烈。纵观当今世界，质量的竞争乃至品牌的竞争已经成为经济竞争的焦点之一，创造自己的品牌，已经成为企业界和全社会的共识。由此，国外学者提出，企业要具有旺盛的生命力，除了技术进步和产品质量的提高外，关键在于经营和发展自己的品牌。

（二）适度质量

适度质量关注的是产品质量生产的经济性问题。随着人们对资源不可再生性的认识，以及可持续发展理念被广泛接受认同，企业与消费者对质量的要求也由原来的尽可能完美发展到适度质量要求。过高的质量水平将人为地造成浪费，而过低则达不到全面质量满意。

（三）顾客满意

顾客是质量的鉴定人。顾客满意与不满意的信息对企业非常重要，因为理解这些信息有助于组织质量改进和提高。满意的顾客会以他们的忠诚和积极推介等各种方式回报企业。随着质量管理环境和内容的变化，顾客成为企业的核心与决定因素。追求顾客满意和忠诚，是世界顶尖企业创造“世界级质量”和创新市场的永恒力量，是推动质量管理新的重大课题。

（四）质量文化

质量文化是企业在长期经营活动中培育形成的，并遵循最高质量目标、核心价值标准的质量观念所形成的行为规范。质量文化从微观角度看，既是一种管理文化、经济文化，也是一种组织文化，它致力于提高企业全员的质量意识和质量管理技法，以达到保证产品质量和服务质量的目的。如今，质量文化的研究和实践领域不断拓宽，在世界范围内正进行广义质量文化的研究。

三、我国全面质量管理的发展趋势及思考

随着经济发展和社会进步，质量的概念不断拓展和延伸，从符合性质量、适用性质量、满意性质量演变为当前的卓越性质量、战略性质量，质量管理也伴随着当前新业态、新技术、新模式如雨后春笋般破土而出，呈现出变革的趋势，全面质量管理的实践面临着广泛的机遇和挑战。

（一）概述

所谓“全面质量管理”是以产品质量为核心，以全员参与为基础，形成让顾客满意和本组织所有者及相关方受益而建立的一套科学严密高效的质量体系，通过提供满足用户需要的产品的全部活动，达到长期成功的管理途径。它不仅是一种经营理念，也是指导持续性改进的一组基础原则。

最早提出全面质量管理概念的，是时任美国通用电气公司质量管理部部长的 A. V. 费根堡姆博士。1961 年，他在 *Total Quality Control* 中强调，执行质量职能是公司全体人员的责任，应该让全体人员都具备质量基本素养并承担质量责任。20 世纪 60 年代初，美国一些企业基于行为管理科学理论，在企业的质量管理中开展了依靠职工“自我控制”的“无缺陷”（Zero Defects）运动；日本在工业企业中开展质量管理小组活动，使全面质量管理迅速发展起来。经过全面质量控制之父费根堡姆、质量管理专家朱兰等专家的努力，全面质量管理的思想、方法、理论在实践中不断得到应用和发展。

全面质量管理整合了基本的管理技术、已有的持续改进方法和工具，推进组织的质量管理工作。“三全一多样”是其主要特征，即组织全员的

质量管理、全过程的质量管理、全企业的质量管理、多样的质量管理。

（二）全面质量管理的发展趋势

从20世纪60年代至今，质量管理在经历质量检验管理阶段、统计质量管理阶段之后，进入全面质量管理阶段。当前，仍处于全面质量管理的深化阶段，从生产的全过程扩展到产品全生命周期。

以知网中文期刊库为基础，以“全面质量管理（TQM）”为主题进行检索分析，观察全面质量管理的研究应用趋势呈现出以下3个特点：一是全面质量管理一直是质量管理研究的重要关注点；二是全面质量管理论文刊发最高峰分别在2005年、2008年；三是从全部期刊及核心期刊文献的相关主题分布和比较来看，全面质量管理的研究与应用主要集中在质量体系、质量控制、计量、可靠性、质量小组等传统领域，没有体现出与信息化、互联网、大数据等新要素相关的特征或衔接性。

近几年，相关质量专家也在关注全面质量管理的发展，如国际质量科学院院士、中国台湾清华大学教授苏朝墩认为，即使在互联网环境下，“全面质量管理（TQM）的理念也不能抛弃，而且一定要逐步建立并完善起来”。可以认为，即使是在互联网时代，传统质量管理的一些关键要素（如工具选择、全面参与、领导力等），也同样重要。

全面质量管理当前仍在各领域创造价值，但随着互联网、数字化环境下的市场竞争及消费升级，全面质量管理的深化升级显得越来越紧迫。全面质量管理需要根据时代的变化，不断注入新的内涵和元素。

德国质量学会会长乌多•汉森基于市场、技术环境的变化指出，传统质量管理方法虽然在因时而变，但已经不能满足当前企业的质量管理需求，因此有针对性地提出敏捷企业的概念，并总结提炼了敏捷质量管理的7项原则，认为组织的反应速度、灵活性、创造性至关重要（见图1–5）。王金德提出，在工业化过程中形成ISO 9000质量管理体系族标准、精益六西格玛管理、卓越绩效管理三大质量管理模式，以帮助企业实践全面质量管理的新理念。

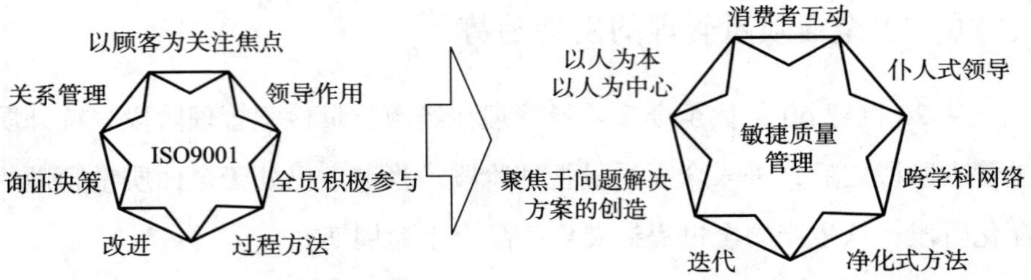

图 1–5　敏捷质量管理“七原则”与 ISO 9001 基本原则的对应比较

此外，我国正在大力倡导提升全面质量管理水平。

国家主席习近平在致中国质量（杭州）大会的贺信中明确指出：“中国致力于质量提升行动，提高质量标准，加强全面质量管理，推动质量变革、效率变革、动力变革，推动高质量发展。”2018 年，国务院印发《关于加强质量认证体系建设促进全面质量管理的意见》。2020 全国首席质量官大会主题是“加强全面质量管理，推动经济高质量发展”。最新一轮的“质量强国规划”也从指导思想、实施举措等方面强化全面质量管理的创新与实施。

可以看出，全面质量管理已经进入新旧转换的发展时期。虽然关注热度有所下降，但全员、全要素、全过程的传统质量管理理念、原则、方法仍在发挥重要作用，并随着产业升级、人才素质提升等成为质量管理的必然基础。基于大数据、互联网的新理念、新工具、新体系正在不断融入全面质量管理的逻辑，吸引专家学者及企业的关注，呈现出广泛变革的趋势，国家的重视与倡导将积极推动全面质量管理的创新发展。因此，如何引入大数据等新兴技术，构建新时期全面质量管理的体系、方法，进一步拓展全面质量管理的深度、广度，将是全面质量管理新时期面临的重要挑战。

（三）全面质量管理的再认识

朱兰博士说，“20 世纪是生产力的世纪，21 世纪是质量的世纪”。全面质量管理将随着大数据、人工智能、物联网等新兴技术的不断涌现而实现持续变革与创新发展，在一定程度上已不是仅仅扩展内涵、改进工具的渐进式发展，而是基于新技术、新模式、新业态的变革式发展。

1. 数据驱动深化全面质量管理创新

产品设计制造、组织运营管理、价值链等各类数据构成数字时代大数据资源的基础。德国提出“工业 4.0”战略，倡导智能制造与智能工厂；美国提出“工业互联网”战略，打造信息网络技术与制造业深度融合的国家竞争新优势；中国推进质量强国、数字中国、“两化”融合等建设，都基于大数据来实现制造业高度自动化、高速信息化和高度网络化，打造智慧工厂，实现智能生产。

麦肯锡在《如何利用大数据改进制造业》中指出，大数据分析可以帮助那些基于过程的行业的制造商提高生产效率 50% 以上。新时期全面质量管理必须建立数据驱动的管理模式与方法体系，通过对质量数据的积累、整合、分析，从效益出发挖掘质量的需求和方向，实现企业综合竞争力的提升。

2. 新技术深度融入全面质量管理

新形势新常态下，全面质量管理应告别聚焦于“传统生产端”的组织推进模式，在影响质量与效益的“人、机、料、法、环”五大要素中，利用互联网、大数据、行为语义分析等新技术、新手段提升全面质量管理在需求侧、研发设计、市场营销、供应链管理等环节的实践，如在零部件生产供应链中的物联网技术可以实现实时制造过程中的制造质量、云服务的质量智能分析和预警判断、全生命周期的质量跟踪与追溯等。

PDCA 循环是全面质量管理的思想基础和方法依据，也是一个循环持续的管理过程。传统的全面质量管理需要按照 PDCA 循环的逻辑实施质量改进，但新时期的全面质量管理能利用物联网、大数据等技术实现全方位预防和监管、实时发现和处置、顾客需求直达设计端等管理行为。“人、机、料、法、环”全面质量管理理论中五大要素已经发生深刻变化，见表 1–2。同时，近年来越来越多的企业更加注重顾客需求、更加追求顾客价值，生产性服务业、高新技术产业的新业态、新模式不断涌现，也推动五大质量要素呈现不断融合、拓展内涵的发展趋势。

表 1–2　全面质量管理五大要素的变化

要素	传统	当前及未来	
人	基层员工	顾客及其体验，创新型	复合型人才
机	生产机器	数字化	智能化设备，工业互联网
料	原材料	供应链生态	
法	制度	流程化	信息化
环	生产环境	经营管理环境、产业环境……	

3. 人与智能化的结合带来全面质量管理新形态

数据驱动的质量管理是智能制造环境下质量管理思维理念的创新。智能制造正在引领生产方式的变革，开启质量管理的新模式。基于智能制造技术的质量管理将真正回归“过程控制、零缺陷”本质，实现全生命周期的质量预防及双向质量追溯，高质量、高效率成为其必然的追求。我国两化融合的成果显示，新产品研发周期由 221.4 天降到 149.3 天，生产计划完成率提高 3.5%，产品一次合格率提高 2.0%，运营成本下降 8.8%，全员劳动生产率提升 29.1%……智能制造正在进一步变革质量管理的思维和模式，提升质量管理的效能。

此外，新时期全面质量管理更加重视人的智慧与价值。波士顿咨询公司发布的报告《工业 4.0 时代的人机关系：到 2025 年，技术将如何改变工业劳动力结构》显示，工业 4.0 时代将创造更多的就业机会，而非减少。以德国为例，到 2025 年，德国将削减 61 万个组装和生产类岗位，与此同时在信息和数字技术领域将相应增加 96 万个新的就业机会。

在质量管理的创新趋势下，质量的影响力将从质量制造扩散到质量价值创造，关注的顾客焦点将从顾客口述语言、顾客满意转向顾客无形感知、顾客极致体验（见表 1–3）。随着新工业革命步伐加快，质量管理创新变革面临的复杂程度前所未有。

表 1–3　质量管理在传统与创新模式下的比较

类型	传统	当前及未来
定位	质量改进	创新模式
驱动力	质量制造	质量价值创造
关注焦点	顾客口述语言、顾客满意	顾客无形感知、顾客极致体验
生产方式	制造	智能制造
管理模式	人工 + 辅助工具 静态、历史数据	实时监测 实时数据
复杂性	低	高
关注维度	少	多

4. 时代变革催生企业先进质量体系和管理实践

全面质量管理作为一种管理框架，要求组织坚定持续改进的理念与实践，推动产品质量及组织经营质量的提升，这一理念源自全面质量管理、PLM 产品全生命周期管理系统、美云智数 QMS 质量管理、MBS 精益质量提高等数字化、智能化管理体系，实现了从传统企业质量管理向智能质量管理的飞跃。

我国企业在全面质量管理实践中，努力实现传统理论方法与现代技术理念的创新融合，同样取得了一定的成绩，发挥出显著的示范引领作用。

福耀集团提炼“四品一体双驱动”质量管理模式，以“敬天爱人、止于至善”为文化引领，形成产品、人品、品质、品位的“四品一体”核心体系，打造智慧工厂，并与客户需求实时交互，实现“创造需求、稳健研发、协同供应、精益智造、敏捷服务”的全过程价值创造、全生命周期管控。

潍柴动力提出企业文化、运营、方法工具相结合的“WOS 质量管理模式”，将战略、指标、价值链、制度流程、绩效评价与改进融为一体，覆盖研发、生产、销售、业务支持等全过程，形成了一套以质量管理为统领，销售、研发、制造和管理质量相互统一衔接的质量管理体系。

美的集团提出“5 全 5 数”智能质量管理模式，突出全球视野和全价值链管理，建立预防式的研发，推进全面质量管理传统与现代的有机融合，取得了良好的社会与经济效益。

当前以技术融合为特点的新工业革命、全面深化的供给侧结构性改革等，已深刻影响着全球的要素配置、生产方式与组织模式。我国经济发展进入新时代，由高速增长阶段转向高质量发展阶段，也必然要求加快质量变革、提高供给质量。面对新技术革命、高质量发展的新机遇和新挑战，企业尤其需要进一步深化全面质量管理的理念、方法、工具，持续开展质量创新，走质量效益型发展道路。

第二章

高职院校质量保障的产生与发展

第一节
教育质量

“质量”由“质”和“量”构成，“质”具有动态、难测量的特点，是主体对事物的理解和感受；“量”具有固定、可测可量的特点，是主体对事物认识的客观属性。教育质量是指教育水平高低和效果优劣的程度，最终体现在人才培养的质量上。衡量一所学校教育质量的标准是教育目的和人才培养的目标。教育目的是一所学校根本的质量要求；人才培养的目标是一所学校具体的质量要求，是衡量人才培养是否合格的标准。高校的教育质量是高等教育发展的核心和生命线，离开质量谈高等教育的发展便失去了意义。随着我国高等教育的扩招和高等教育大众化阶段的到来，质量问题愈加凸显，保障高等教育的质量更为必要和紧迫，因此，高等教育质量保障成为高等教育研究领域的热点问题。

一、高质量发展的意义

2019 年 1 月 5 日，习近平总书记首次提出高质量发展的概念。党的十九大报告正式提出：我国经济已由高速增长阶段转向高质量发展阶段。同时，国家“十四五”规划进一步强调：我国已转向高质量发展阶段。这是对我国发展阶段的最新的时代表述。党的二十大报告指出，高质量发展是全面建设社会主义现代化国家的首要任务。实现中国式现代化的奋斗目标，必须以高质量发展为标准，完整、准确、全面贯彻新发展理念，在加快构建以国内大循环为主体、国内国际双循环相互促进的新发展格局中，充分把握未来发展的主动权，胜利实现全面建成社会主义现代化强国目标。

高质量发展是新发展理念的最重要体现，其内涵不仅是指数量的增长，更是指质量的提升。具体来说是高效益的绿色增长，满足人民需求的有效稳步增长，创新驱动式的增长，更加均衡和提质的增长，经济创新力和竞争力提升的增长。

第一，高效益的绿色增长。我们不能再像过去那样为了经济发展而牺牲环境，而应该寻求一种经济发展和环境保护的和谐共生模式。这需要我们在发展经济的同时，注重环保，实现绿色发展。

第二，满足人民需求的有效稳步增长。我们不能仅仅关注经济的发展速度，而忽视了人民的幸福感和满意度。我们必须强调提高人民生活质量，需要通过提供优质的教育、医疗、住房等公共服务，提高人民的生活品质。高质量发展还关注社会公平正义的实现。我们需要通过改革税收制度、优化社会保障体系等手段，减小贫富差距，让每个人都能享受到发展的成果。

第三，创新驱动式的增长。在这个信息爆炸的时代，科技创新是推动经济社会发展的重要动力。我们需要强调科技创新能力的提升，通过加大科研投入，鼓励企业研发创新，培养高素质的科技人才，以提高我们的科技创新能力。

第四，更加均衡和提质的增长。高质量发展不仅仅是关注经济增长的速度，更重要的是提升发展的质量和效益。在追求高质量发展的过程中，我们需要关注经济结构的优化升级、科技创新能力的提升、生态环境的保护和改善、社会公平正义的实现，以及人民生活质量的提高等多个方面。

第五，经济创新力和竞争力提升的增长。我们需要强调的是经济结构的优化升级。这意味着我们要从过去的以投资和出口为主导的发展模式转变为以创新和消费为主导的发展模式，通过提高产业链的附加值，推动产业向中高端迈进。

二、高校教育的高质量发展

2023 年 5 月 29 日，习近平总书记在主持中国共产党第二十届中央政治局第五次集体学习时强调，建设教育强国，是全面建成社会主义现代化强国的战略先导，是实现高水平科技自立自强的重要支撑，是促进全体人民共同富裕的有效途径，是以中国式现代化全面推进中华民族伟大复兴的基础工程。高校是教育、科技、人才的交汇点，要把握好科技是第一生产力、人才是第一资源、创新是第一动力的最佳结合点，让高等教育在现代化强国建设中发挥强有力的支撑引领作用。[①]

教育部部长怀进鹏提出要建强高质量体系，他强调，新时代 10 年，我国各级各类教育普及水平实现了历史性跨越，一个服务 14 亿多人口，面向每个人、更加开放灵活的教育体系日渐完善。我们将坚持以人民为中心的发展思想，把高质量发展作为各级各类教育的生命线，夯实基础教育基点，扬起高等教育龙头，打造职业教育重要增长极，加快建设全民终身学习的学习型社会。把教师队伍建设作为最重要的基础工作，加强师德师风建设，健全中国特色教师教育体系，引导教师树立“躬耕教坛、强国有我”的志向和抱负，弘扬尊师重教社会风尚。统筹做好“引进来”和“走出去”两篇大文章，谋划建成世界重要教育中心和创新高地。

高校的教育质量是评估一所学校教育水平的重要指标，它直接关系到学生的知识储备、能力培养和综合素质的提高。在当今社会，随着科技的飞速发展和经济的全球化，高校的教育质量尤为重要。首先，高校教育应

---

① 黄清迎，徐远超.以高等教育高质量发展支撑中华民族伟大复兴［N］.湖南日报，2023-06-29（14）.

该注重培养学生的综合素质，而不仅仅是专业知识。这意味着学校需要加强对学生的思想道德、文化素养、创新能力等方面的培养，使他们成为具有全面素质的人才。此外，重视实践教学，高校应该加强与企业、科研机构的合作，为学生提供更多实践锻炼的机会，使他们能将所学知识应用于实际工作中。其次，优秀的教师是提高高校教育质量的关键。因此，高校应该加大对教师的培训力度，提高教师的教育教学水平。同时，还要加强对教师队伍的管理，确保教师能全身心投入教育教学工作中。最后，提高高校教育质量必须深化教育改革，创新教育教学模式。这包括推进课程体系改革、教学方法改革、评价体系改革等多个方面，以适应社会发展的需要，培养出更加适应时代发展的人才。

在早期的高校教育中，教师主要依赖教科书进行教学，学生是被动接受知识的“容器”。这种单一的教学模式虽然能保证基础知识的传授，但是忽视了学生的个性化需求和创新能力的培养。随着社会的发展，高校开始引入多元化的教学方式，如小组讨论、实验实践、案例分析等。这种综合化的教学方式不仅能提高学生的学习兴趣，也有助于培养学生的实践能力和创新思维。随着信息技术的发展，高校教育开始向智能化方向发展。通过大数据、人工智能等技术，教师可以更好地了解学生的学习情况和需求，从而提供更个性化的教学。同时，学生也可以通过在线学习平台自主学习，提高自我学习能力。

高校教育质量是国家未来发展的重要基石，关系到国家的科技创新能力和社会进步。我们必须高度重视高校教育质量的提升，培养更多具有创新精神和实践能力的高素质人才，努力培养一批批社会主义合格建设者和可靠接班人。我们坚信在党和政府的正确领导下，我国的高校教育质量一定会不断提高，为国家的发展和人民的幸福做出更大的贡献。首先，在政策层面，我国政府高度重视教育事业的发展，将教育作为国家战略，制定了一系列政策措施来保障和促进教育质量的提高。例如，实施素质教育，强调培养学生的综合素质，而不仅仅是学科知识的掌握；推进教育改革，深化课程改革，调整教育教学内容和方法，使之更加符合时代发展的要求；加大对教育的投入，提高教师待遇，改善办学条件，为提高教育质量创造良好的环境。其次，在资源配置方面，我国充分发挥市场机制的作用，优化教育资源配置。通过加大对农村、贫困地区、民族地区的教育投入，缩小城乡、区域之间的教育差距，使更多的孩子享受到优质的教育资源。同时，鼓励社会力量参与教育事业，推动公办、民办教育共同发展，形成多元化的教育格局。再次，在师资培训方面，我国高度重视教师队伍建设，将提高教师素质作为提高教育质量的关键。通过加强师资培训，提高教师的教育教学能力，使他们能更好地适应新时代的教育要求。最后，还加强对优秀教师的表彰和激励，激发教师的工作热情和创新精神，为提高教育质量提供有力的人才支持。

三、职业教育的高质量发展

2021 年，习近平总书记对职业教育做出重要指示，在全面建设社会主义现代化国家新征程中，职业教育前途广阔、大有可为。要坚持党的领导，坚持正确办学方向，坚持立德树人，优化职业教育类型定位，深化产教融合、校企合作，深入推进育人方式、办学模式、管理体制、保障机制改革，稳步发展职业本科教育，建设一批高水平职业院校和专业，推动职普融通，增强职业教育适应性，加快构建现代职业教育体系，培养更多高素质技术技能人才、能工巧匠、大国工匠。各级党委和政府要加大制度创新、政策供给、投入力度，弘扬工匠精神，提高技术技能人才社会地位，为全面建设社会主义现代化国家、实现中华民族伟大复兴的中国梦提供有力的人才和技能支撑。

2022 年，习近平总书记参加党的二十大广西代表团讨论时强调："要重视发展职业技术教育。"这是习近平总书记继"职业教育前途广阔、大有可为"之后做出的又一个带有总括性、指导性的重大论断，为办好人民满意的高等职业教育提振了士气。同时，国务院印发《国家职业教育改革实施方案》，中共中央办公厅、国务院办公厅印发《关于推动现代职业教育高质量发展的意见》等，有关职业教育高质量发展的政策文件频繁发布，为打造职业教育新发展阶段，创新职业教育新发展理念，重构职业教育新发展格局提供了政策依据。

《中华人民共和国职业教育法》时隔 26 年再次修订，新修订版规定了各级各类职业教育的不同定位和基本要求，为现代职业教育体系建设提供了法律依据和基本方向，明确职业教育与普通教育同等重要，并在制度上为二者的相互融通确立了基本路径。另外，办学主体方面，从单一的行政力量推动方式转向了“政府统筹、分级管理、地方为主、行业指导、校企合作、社会参与”的全面促进发展格局，办学主体、管理方式和制度机制等方面产生了诸多变化，为建设有中国特色的高等职业教育提供了法律保障，可以更快、更好地建设现代职业教育体系，积极推动职业教育成为建设教育强国的“铜腰、脊梁”。

党的二十大报告提出了全面建成社会主义现代化强国的目标任务，并提出“两步走”战略安排，立足新发展阶段、贯彻新发展理念、构建新发展格局。新时代赋予高等职业教育新的历史使命，要统筹三教、推进三融，优化职业教育类型定位，稳步发展职业本科，建设一批高水平职业院校和专业，加快构建现代职业教育体系，“健全终身职业技能培训制度”，加快建设包括大国工匠和高技能人才在内的“国家战略人才力量”“建设全民终身学习的学习型社会、学习型大国”。高等职业教育要着眼于新技术、着眼于新技能、着力于新发展理念，全面掌握数字技术、树立数字思维，努力培养造就更多大师、青年科技人才、卓越工程师、大国工匠、高技能人才，这就需要高等职业教育提升发展质量，培养数以亿计的堪当民族复兴重任的时代新人，为全面建设社会主义现代化国家提供有力保障。

第二节
质量保障体系

学校质量保障体系涉及各个方面，建设质量保障体系是一个复杂而重要的过程，旨在确保学校的教育质量能持续提升和保持。学校需要建立一套完善的质量管理体系和有效的监督机制，明确质量目标和指标，并将其融入教学、管理和评估等各环节中，及时发现问题并采取相应的改进措施；需要培养一支高素质的教师队伍，注重教师的专业发展和培训，提高他们的教学水平和专业素养；需要加强学生的综合素质培养，注重培养学生的创新思维、实践能力和团队合作精神；需要与家长和社会保持良好的沟通、合作，共同关注学生的成长和发展。通过这些努力措施的综合应用，学校的教育质量将得到不断提升和完善，为学生提供更好的教育环境和学习机会。

一、质量保障的缘起

“质量保障”兴起于20世纪80年代，是借鉴了社会学、经济学、管理学中的新公共管理、市场自由化、学术资本、利益相关者等理论，产生的多学科交叉的质量管理理论。该理论强调，质量保障不仅要通过测量、评估等来衡量和鉴定价值，还应该在教育过程中，通过有效介入来创造更多的价值，尤其是应该将政府的管理要求、社会的需求通过质量保障的标准传递给大学，在“事前”和“事中”对高等教育预期质量做出反应，协调各利益相关主体，建构和创造新的价值与质量文化。

“质量保障”这一概念迄今为止概括起来有三种理解。一是将质量保障等同于质量保证。在管理学领域，质量保证有其特定含义，指的是提供质量证据，以使顾客或组织的管理者对组织提供的产品、过程和服务的质量产生信任。由于“质量保障”和“质量保证”对应的英文表达都是Quality Assurance，按照这种理解，教育质量保障指的是向学生、家长、用人单位和学校管理者等提供质量证据，以获得其对质量的信任的过程。二是将质量保障理解为质量监控、审查和评价活动，教育质量保障就是为了维持和提升教育质量而实施的，对教育质量进行监控、审查和评估的过程。三是将质量保障等同于保障质量的管理活动。换而言之，质量保障就是管理学中的“质量管理”。①

二、质量保障体系的概念

质量保障体系是一种全面、系统的质量管理体系，旨在确保产品和服务的质量满足或超越客户的期望。质量保障体系的核心是制定一套明确、可操作的质量政策和目标。质量保障体系还需要建立强大的质量文化，鼓励全体员工积极参与质量管理活动，提高他们的质量意识和技能。最后，质量保障体系需要定期进行质量评估，以检查组织的质量管理体系是否有效，是否符合预定的质量标准和要求。

质量保障体系是一个持续改进的系统，它需要组织的全体成员共同参与和维护，以确保产品和服务的质量始终保持在最高水平。对于学校而言，质量保障体系旨在确保学校的教育质量始终保持在一个高水平上，确保学校人才培养的质量，努力培养社会主义合格建设者和可靠接班人。“质量保障是一种新的高等教育质量管理范式，高等教育质量保障体系在不同国家

① 梁卿．我国职业教育评估的质量保障：历史经验、现实问题与未来展望［J］．职教论坛，2023（1）：26.

具体表现形式不同，通常的高等教育保障体系可以分为外部保障体系和内部保障体系。”[①]学校质量保障体系就是内部质量保障体系，是一个综合性的概念，涵盖了教学、管理、设施和师资等多个方面。通过建立和完善这个体系，学校可以不断提高教育质量，为学生提供更优质的教育资源和服务。

首先，教学质量是学校质量保障体系的基石。为了确保教学质量，学校需要制定一套完善的课程体系，涵盖各学科领域，并不断更新和完善。此外，学校还应该关注教学方法的创新，鼓励教师采用多样化的教学手段，以激发学生的学习兴趣和潜能。

其次，学校管理是保证教育质量的重要环节。学校应建立健全管理制度，明确各部门的职责和权限，确保各项工作有序进行。同时，学校还需要加强对学生的管理和服务，关注学生的成长和发展，为学生提供良好的学习和生活环境。

再次，学校设施是提高教育质量的关键因素之一。学校应投入足够的资金和资源，建设和改善校园基础设施，如教学楼、实验室、图书馆、体育场馆等，以满足学生的学习和生活需求。

最后，师资力量是学校质量保障体系的核心。学校应重视教师队伍建设，选拔优秀的教师，并提供专业培训和发展机会，以提高教师的教学水平和综合素质。同时，学校还应建立激励机制，鼓励教师创新教学，提高教育质量。

三、质量保障体系的形成

2015 年 5 月，教育部印发《关于深入推进教育管办评分离促进政府职能转变的若干意见》，指出“推动学校积极开展自我评价。引导和支持学校切实发挥教育质量保障主体作用，不断完善内部质量保障体系和机

① 戚业国.质量保障：一种新的高等教育质量管理范式［J］.高等教育研究与实践，2006（2）：14.

制，认真开展自评，形成和强化办学特色”，为各级各类教育质量保障体系建设提供了政策依据和理论参考。

2014 年，国务院学位委员会、教育部印发的《关于加强学位与研究生教育质量保证和监督体系建设的意见》明确指出，统筹构建质量保障体系是深化研究生教育改革的重要着力点之一。2015 年，教育部发布《关于建立职业院校教学工作诊断与改进制度的通知》《高等职业院校内部质量保证体系诊断与改进指导方案（试行）》，促进高职院校不断完善内部质量保证体系建设，提升内部质量保证工作成效。2018 年，教育部印发《关于加快建设高水平本科教育全面提高人才培养能力的意见》《关于深化本科教育教学改革全面提高人才培养质量的意见》，深入推进教育教学改革，强化本科教育教学质量保障主体意识，突出“学生中心、产出导向、持续改进”的质量保障理念。2020 年，党的十九届五中全会在北京召开，《中国共产党第十九届中央委员会第五次全体会议公报》首次提出“建设高质量教育体系”。2021 年，《中华人民共和国国民经济和社会发展第十四个五年规划和 2035 年远景目标纲要》明确提出“建设高质量教育体系”的战略部署。

学校质量保障体系的模式，按照区域分，“国际上三种最基本的高等教育质量保证模式是：美国模式——美国高等教育认证制度、英国模式——高等教育质量的同行评估、大陆模式——高等教育质量保证系统的政府管理”[①]；按照原理分，有“质量保证模式（应用模式）、全面质量管理模式（应用模式）、绩效指标模式、院校研究模式、学生发展评估模式、附加值评估模式、项目评价模式”[②]。

构建学校质量保障体系需要注意以下几个问题。

① 史朝 . 高等教育质量保证系统的比较研究 [R]. 北京：国家教育行政学院内部资料，2002：197.

② 戚业国 . 质量保障：一种新的高等教育质量管理范式［J］. 高等教育研究与实践，2006（2）：14.

第一，明确普及化阶段高校内部质量保障体系构建的核心要素。提出科学明晰的质量标准，研制定性与定量相结合的评价指标体系，采用基于合理技术方法的评价方式，健全有效的评价反馈与持续改进工作的机制，提供有效的政策、制度和组织保证。

第二，强化高等学校质量保障的主体地位。落实高校办学自主权，赋予高校以质量保障的主要权责，充分利用大数据等信息技术手段，提高高校内部质量保障体系的有效性与持续性，引导高校建立起以专业教学为基础、以学生发展为中心的教学质量评价体系。

第三，完善学生学习结果导向的评价方法。在自我评价、院校评估、专业认证和国际评估等质量保障活动中，将学生学习效果的跟踪评价作为评估标准的重要内涵和评价指标体系的重要维度。研制对学生学习结果进行评价的工具与方法，借鉴国外学生课程体验量表，开发基于中国学生体验的评价指标和评价量表，全面客观地呈现高校人才培养的效果。

第四，完善多元参与的教育治理体系。重视学生的参与，发挥学生作为高等教育核心利益群体的作用，逐步建立学生参与学校内部和外部质量保障活动的长效机制；在政府或者第三方机构的外部评价及高校自我评价的基础上，进一步探索各利益相关群体的广泛参与方式，实现高等教育质量保障的共同治理。

学校质量保障体系主要包括以下内容。一是制定质量保障体系的方针和目标，有助于引导学校在各层面关注质量，打造全员参与的质量文化。二是建立组织结构和职责分工制度。学校应设立专门的质量管理部门，负责全面组织、协调和监督质量保障工作。同时，各部门应明确自己在教学质量中的职责和权限，确保教学质量问题得到及时发现和解决。三是制定教学质量监控与评价标准。学校应根据自身的特点和需求，制定一套完整的教育教学质量工作的程序与标准，包括专业设置、教学资源、课堂教学、考核评聘、师资发展、学生评教等方面的具体规定。这些程序和标准应具有可操作性、可检查性和可追溯性，以确保教育教学质量工作的有效性。四是建立教育教学质量信息管理系统。学校应利用信息技术手段，构建教育教学质量信息管理系统，实现教育教学质量数据的采集、分析和报告。通过对教育教学质量信息的实时监控和分析，学校可以及时掌握教育教学质量状况，为学校决策提供依据。

第三节 高职院校质量保障体系

为确保职业教育高质量发展，建立完整、科学、有效的质量保障体系是保证人才培养质量的关键，是职业教育大发展的核心。一直以来，“五纵五横一平台”是高职院校内部质量保障体系的基本架构。“五纵”即纵向有决策指挥、质量生成、资源建设、支持服务、监督控制 5 个系统；“五横”即横向有学校、专业、课程、教师、学生 5 个层面；“一平台”即打造一个人人参与、处处覆盖、实时共享的现代信息技术平台，实现源头采集、实时采集、开放共享、及时发现问题与偏差，发出预警，实施调控、改进。

一、高职院校质量保障体系的意义

高职院校质量保障体系的意义在于确保教育质量和提升学生综合素质，为社会培养更多高素质技能型人才。

首先，建立高职院校质量保障体系是提高教育质量的必然要求。高职院校作为培养应用型人才的重要基地，其教育质量和学生素质直接关系到国家经济社会发展与人才培养战略的实施。通过建立健全质量保障体系，可以对教学过程进行全面监控和评估，及时发现问题并采取有效措施加以解决，确保教学质量得到持续提升。

其次，高职院校质量保障体系的建立有助于提升学生的综合素质。在高职院校的教育过程中，应注重培养学生的实践能力和创新精神，而不仅仅是传授知识。通过建立质量保障体系，可以对学生的学习过程进行跟踪和评价，帮助他们发现自己的不足之处，并提供相应的指导和支持，从而促进学生全面发展，提高他们的综合素质。

再次，高职院校质量保障体系的建立对于提高学校的声誉和社会认可度具有重要意义。一所质量有保障的高职院校能吸引更多的优秀师资和学生，形成良好的学术氛围和育人环境。同时，高质量的教育成果也会得到社会的广泛认可，进一步提升学校的社会形象和竞争力。

最后，高职院校质量保障体系的建立将有助于推动高等职业教育的发展，适应社会经济发展的需要，为国家培养更多有用的人才做出积极贡献。

二、高职院校质量保障体系的作用

高职院校质量保障体系是确保学校教育质量和培养高素质人才的重要保障。在高职院校中，质量保障体系发挥着至关重要的作用，它涵盖了多个方面，包括教学质量管理体系、学生发展管理体系、师资队伍建设体系等。

第一，教学质量管理体系是高职院校质量保障体系的核心。通过建立科学的教学标准和规范，对教学质量进行评估和监控，确保教学内容的科学性、实用性和先进性。同时，教学质量管理还包括对课程设置、教学方法、教材选用等方面的指导和监督，以提高教学质量，满足学生和社会的需求。

第二，学生发展管理体系关注学生的全面发展和个人成长。通过建立健全学生评价体系，对学生的学业成绩、综合素质和能力进行全面评估，为学生提供个性化的教育服务和指导。此外，学生发展管理还涉及就业指导、职业规划、心理健康等方面，帮助学生更好地适应社会需求，实现个人价值。

第三，师资队伍建设体系是高职院校质量保障体系的重要组成部分。优秀的教师队伍是保证教育质量的关键因素。通过建立完善的师资引进、培训和发展机制，吸引和培养一支高水平的教师队伍。同时，促进教师的教学能力和科研水平提升，推动教育教学改革和创新。

此外，高职院校质量保障体系还包括学校管理和资源配置方面的工作。学校要加强内部管理，提高办学效益和服务水平；合理配置教育资源，优化教学环境，为学生提供良好的学习和生活条件。

高职院校质量保障体系的作用是多个方面的，它旨在全面提升学校的教育质量，培养具有创新能力和实践能力的高素质人才，为社会经济发展做出贡献。只有不断完善质量保障体系，才能使高等职业教育不断适应社会发展的需求，为培养更多优秀人才奠定坚实基础。

三、高职院校质量保障体系建设

高职院校质量保障体系是一个复杂而重要的系统，它的存在有助于确保高职院校的教育质量和提升学生的学习体验。建设高职院校质量保障体系是一个长期而复杂的过程，需要我们持续地努力和探索。只有这样，我们才能为社会培养出更多优秀的高职人才。

（一）建设思路

高职院校质量保障体系的建设是一个系统性、全面性的工作，涉及教学、科研、管理等多个方面。下面将从以下几个方面进行详细的探讨。

第一，完善教学质量管理体系。首先，我们需要构建一套完善的教学质量管理体系。这包括制订合理的教学计划，保证教学内容的科学性和实用性；优化教学方法和手段，提高教学效果；建立教学质量评价机制，定期对教学工作进行评估和反馈。其次，需要加强对教师的培训和指导，提高他们的教学能力和素质。

第二，健全科研质量保障体系。高职院校的科研质量是衡量其整体水平的重要指标。因此，我们需要建立健全科研质量保障体系，包括科研项目的申报、评审、执行和验收等环节。此外，还需要加强科研经费的管理和使用，确保科研工作的顺利进行。

第三，提升管理质量。管理质量的提升是保证高职院校质量的重要手段。我们需要建立一套科学的管理制度，明确各部门的职责和权力，规范各项工作流程。同时，还需要加强对管理工作的监督和考核，确保各项管理工作的质量和效率。

第四，加强外部合作与交流。我们需要加强与其他高职院校的合作与交流，借鉴和学习他们的先进经验与做法，不断提升自身的教育教学质量。同时，也可以通过与企业的合作，将理论教学与实践操作相结合，提高学生的就业竞争力。

（二）建设内容

高职院校质量保障体系是一个综合性的、系统化的管理和运行机制，旨在确保高职院校的教育教学质量始终保持在一个较高的水平。这个体系涵盖了多个方面，包括但不限于以下几个。

第一，教育质量标准。这是高职院校质量保障体系的基础。它定义了教育机构应该达到的教育质量标准，包括课程内容、教学方法、教师素质、学生评价等各方面。

第二，教育评估和反馈。通过定期的教育评估，可以了解教育质量的实际状况，发现存在的问题，并及时进行改正。同时，也可以通过反馈机制，让教师和学生对教育质量有更深入的理解。

第三，持续改进。在了解和评估教育质量的基础上，教育机构需要制订和实施改进计划，以提高教育质量。这可能包括更新课程内容、改进教学方法、提高教师素质等。

第四，质量保证机构。为了保证质量保障体系的正常运行，通常会设立专门的质量保证机构，负责监督和管理教育机构的教育活动。这些机构通常具有独立性，以确保其能公正、客观地评估和保证教育质量。

第五，法规和政策支持。为了确保质量保障体系的有效性，需要有相关的法规和政策进行支持。例如，需要有关于教育质量的标准和评估方法的法规，以及关于教育机构如何进行改进的政策。

第三章

高职院校质量保障整体概况

第一节
外部质量保障体系

一、高职院校外部质量保障体系概述

所谓“高职院校外部质量保障体系”，是指除高职院校直接举办者之外的保障主体以提高高职院校质量为目标，运用系统方法，依靠必要的组织机构，对影响高职院校人才培养的所有环节进行监督、评价和控制，形成一个有明确任务、职责、相互协调、相互促进的质量管理的有机系统。这里所说的直接举办者之外的保障主体主要包括相关政府、行业、企业和其他与高职院校相关的社会组织或群体。

外部质量保障体系通常包括以下几个方面。

首先，监管政策和法规。政府制定高职院校的政策和法律法规，对院校的管理与监督起到规范和指导作用。政府部门负责设立高等职业教育的管理机构，对学校的设置、招生、师资、教学质量、管理体系等进行监管。

其次，学历认证机构和评估机构。学历认证机构对高职院校开展认证工作，评估学校的办学质量、师资力量、教学资源等，并给予相应的学历认证。评估机构通过对学校的评估活动，评价学校的办学水平，为学校改进工作提供参考意见和建议。

再次，行业协会和社会各界的评估与监督。行业协会根据自身的专业特点和需求，对高职院校进行评估和监督，确保教学内容与行业需求相匹配。同时，社会各界的评估和监督也能促使学校切实提升办学质量，满足社会的期待。

最后，外部专家与咨询机构。外部专家与咨询机构可以参与学校内部质量评估、改革和发展的咨询工作，提供独立的、公正的外部视角和意见，对学校的办学水平进行评估和监督。

总体而言，高职院校的外部质量保障体系需要政府的监管和政策引导，学历认证机构和评估机构的认证评估，行业协会和社会各界的评估与监督，外部专家与咨询机构的引导与支持，共同构建起对高等职业教育质量的全方位保障机制。外部质量评估和监督，可为学校提供改进的动力和方向，促使学校不断提升办学质量，以适应社会的需要和发展要求。

二、高职院校外部质量保障体系的特点

（一）评估体系多层次

多层次的评估体系是高职院校外部质量保障体系的一个重要特点。这种评估体系由国家级评估、地方级评估和行业协会评估等多个层次组成，并且这些评估层次之间相互关联、相互支持，共同构建起全面的质量保障体系。

首先，国家级评估是对高职院校教学质量进行全面评估的重要手段。由国家教育主管部门组织实施，涵盖了全国范围内的高职院校。通过国家级评估，可以了解各高职院校的整体情况，发现问题、总结经验，并为高职院校的工作改进提供指导和支持。

其次，地方级评估在国家级评估的基础上进行，由地方教育主管部门组织实施。地方级评估可以细化和补充国家级评估，针对不同地区的实际情况进行评估，更加贴近地方高职院校的需求和特点。地方级评估可以通过提供更具体和有针对性的建议，促进高职院校在本地区的发展。

最后，行业协会评估是外部质量保障体系中的重要组成部分。由相关行业协会或行业专家组织开展评估，主要关注高职院校的专业发展、师资配备、实践环节等方面。行业协会评估与国家级评估和地方级评估相互补充，可以提供更加专业和具体的意见与建议，促进高职院校与行业需求的对接。

这些评估层次之间相互关联、相互支持，形成了一个层级清晰、功能互补的评估体系。不同层次的评估结果可以相互参考和借鉴，为高职院校提供全面的发展指引。同时，各级评估之间的信息共享和经验交流也有助于推动高职教育质量的全面提升。

通过建立多层次的评估体系，可以实现对高职院校的全面评估和监督，提高教学质量的透明度和公信力。同时，这种评估体系也有利于推动高职教育的改革与创新，促进高职院校的持续发展。

（二）评估内容综合性

外部评估不仅关注教学质量，还涵盖了教学管理、师资队伍、课程设计、教学方法、实践环节等方面的综合评估。这样的综合评估有助于全面了解高职院校的整体情况，并为提升教育质量提供依据。

首先，综合评估有助于了解高职院校的教学管理情况。教学管理是高职院校的重要组成部分，包括教学计划制订、教材选用、考核方式等方面。通过综合评估，可以评估高职院校的教学管理水平，检查教学管理是否合规、科学、有效，以及是否符合相关教育政策和法规的要求。

其次，综合评估关注师资队伍的建设和素质。师资队伍是关乎高职教育质量的重要因素，直接影响到教学效果和学生的学习成果。综合评估会对高职院校的师资结构和人员类型进行评估，以及对教师的教学能力、学历背景、从业经验等方面进行考察。这样的评估有助于了解高职院校的师资力量是否足够、素质是否高，以及是否具备满足学生需求的能力。

最后，综合评估关注课程设计、教学方法和实践环节等方面。课程设计是高职教育的核心内容之一，而教学方法和实践环节则是教学过程中的重要环节。通过综合评估，可以评估高职院校的课程设置是否科学、符合社会需求，教学方法是否多样化、灵活度高，实践环节是否与专业需求相匹配。这样的评估有助于确保高职院校的教学内容符合时代需求，能培养符合市场需求的应用型人才。

综合评估的范围广泛，覆盖了高职院校教学的各方面，能提供全面的信息和依据。通过综合评估，可以揭示出高职院校在教学质量管理方面的问题和不足之处，并为高职院校制定改进和提升教育质量的措施提供指导。同时，综合评估也有助于高职院校之间的经验交流和借鉴，推动教育质量的共同提高。

（三）参与主体多样化

高职院校外部质量保障体系的参与主体包括教育主管部门、专家学者、行业协会和用人单位等，他们各自担负着不同的评估任务，并通过各自的专业角度和经验，提供多元化的评估意见和建议。

首先，教育主管部门是外部质量保障体系中的重要参与主体。作为高职院校的监管机构，教育主管部门具有管理职责和权威性，可以通过制定相关政策和规定来推动高职院校的质量保障工作。教育主管部门可以对高职院校进行整体性的评估和监督，并采取相应的激励措施和监管措施，促使高职院校提高教学质量和管理水平。

其次，专家学者在外部质量保障体系中扮演着重要角色。他们具备丰富的研究和教学经验，掌握着前沿的学术理论和发展动态。专家学者可以通过参与评估活动，对高职院校的教学质量、师资队伍、课程设置等进行专业性的评估，提供宝贵的意见和建议。他们可以基于学术标准和最新研究成果，指导高职院校提升教育质量和教学水平。

行业协会也是外部质量保障体系中的参与主体之一。作为相关行业的组织机构，行业协会对高职院校的教学目标、专业要求和实践环节有深入了解。行业协会可以通过评估活动，对高职院校的专业发展、实习实训情况等方面进行评估，为高职院校提供与行业需求相匹配的意见和建议。这有助于确保高职院校培养出符合市场需求和行业要求的应用型人才。

最后，用人单位是外部质量保障体系中不可或缺的参与主体。他们能直接了解职业能力要求和市场需求，对高职院校毕业生的就业情况和能力表现有着独特的认识与评价。通过与用人单位的合作，可以进行毕业生的追踪调查和雇主满意度调查，了解其对高职院校毕业生的评价和反馈。这有助于高职院校更好地调整课程设置，提升教学质量，使教育培养更加符合市场需求。

（四）评估结果透明化

高职院校外部质量评估的结果通常会被公布在高职院校的网站或相关媒体上，供公众查阅。这种公开透明的做法有利于提高高职院校教学质量的透明度和公信力，并具有以下几点好处。

首先，公开透明的评估结果使高职院校承担更多的责任。公开评估结果鼓励高职院校主动地关注和解决存在的问题，提升教学质量和管理水平。高职院校面临着广大师生、家长和社会公众的监督，必须对评估的结果承担责任，并采取积极有效的措施进行改进。这样可以推动高职院校不断提高教育质量，满足社会的期望和需求。

其次，公开透明的评估结果为学生和家长提供了选择与决策的依据。学生和家长可以通过查阅评估结果了解高职院校的教学质量与学校的整体情况。这使得他们能更加全面地了解高职院校的教学环境、师资水平和毕业生就业情况等重要信息。公开透明的评估结果为学生选择适合自己的高职院校提供了参考，促进了教育资源的合理配置。

再次，公开透明的评估结果增强了对外部质量保障体系的信任和认可度。教育质量的透明度和公信力是外部质量评估的核心目标之一，而公开评估结果是实现这一目标的手段之一。通过公开透明的评估结果，学生、家长和社会公众可以对高职院校的教学质量进行客观评估，并对评估结果形成共识。这有助于建立起一个公正、公平、透明的外部质量保障体系，增强人们对高职院校的信任和认可度。

最后，公开透明的评估结果促进了教育质量的持续改进。公开评估结果使高职院校能及时获取来自外部的反馈和建议，及时了解存在的问题和不足之处。高职院校可以根据评估结果制订改进计划，并借鉴其他高校的经验和做法，持续改进教学质量和管理水平。这种持续改进的动力和压力使得高职院校能不断提高教育质量，确保适应社会发展和市场需求的要求。

评估结果的透明化对于高职院校的外部质量评估具有重要意义。公开透明的评估结果能增强高职院校的责任感，并为学生、家长和社会公众提供决策依据。透明的评估结果还可增强对外部质量保障体系的信任和认可度，并促进教育质量的持续改进。

（五）激励与改进导向性

外部质量保障体系通过评估结果的激励和奖惩机制，对高职院校进行导向性的引导，以促进高职教育的改革和发展。这种导向作用在以下几个方面具有积极意义。

首先，激励优质高职院校继续发展。外部质量保障体系通过评估结果对教学质量较高的高职院校进行激励和奖励。这种激励机制可以给予优秀高职院校更多的资源支持，提供良好的教学研究环境，鼓励它们持续改进和取得更好的成绩。通过激励优质高职院校，为它们提供积极的动力，推动其继续发展，不断提升教育质量。

其次，惩罚低质量高职院校以促使其加强改进。外部质量保障体系通过评估对教学质量较低的高职院校进行惩罚和监督。例如，可以采取停止招生、减少拨款或撤销办学许可等措施。这样的严厉惩罚可以促使低质量高职院校面对现实，对问题进行深入反思和整改，提高教学质量。同时，也为其他高职院校树立了明确的目标和发出了警示，鼓励它们加以改进，确保教育质量的提升。

再次，鼓励高职院校积极参与外部质量评估，主动接受监督和建议。外部质量保障体系通过评估结果的发布，形成了一个透明的信息平台。高职院校可以了解到其他院校的评估结果，并从中学习和借鉴经验。这种互相借鉴和学习的机制，鼓励高职院校积极参与外部质量评估，自觉接受外界的监督和建议，从而持续改进和提升教育质量。

最后，推动高职教育的改革和发展。外部质量保障体系通过评估结果的激励和奖惩机制，不断推动高职教育的改革和发展。优质高职院校的发展激励着其他学校追赶和超越，促使整个高职教育体系向着更高的目标不断努力。同时，低质量高职院校的整改也推动着高职教育体系的升级和完善。这种导向性作用为高职教育注入了持续改进和发展的动力。

外部质量保障体系通过评估结果的激励和奖惩机制，对高职院校进行导向性的引导，推动高职教育的改革和发展。激励优质高职院校继续发展，惩罚低质量高职院校促使其加强改进，鼓励高职院校积极参与外部质量评估并接受监督和建议，推动整个高职教育体系的不断提升和完善。

总体而言，高职院校外部质量保障体系具有评估体系多层次、评估内容综合化、参与主体多样化的特点，致力于提高教学质量，促进高职院校的持续发展。

三、高职院校外部质量保障体系的发展现状

近些年，我国高职院校评估活动的理论研究与实践推广发展较快，各种各样的高职院校评估活动广泛开展。教育评估对我国高职院校教育质量及其外部质量保障体系的发展发挥着巨大推动作用。然而，把高职院校外部质量保障等同于教育评估的现象也时有发生，这是十分片面的看法。诚

然，评估极大地促进了高校对教育教学质量的重视，促进高校在课程体系建设、人才培养模式、教学改革、教学管理、学校管理等方面进行了诸多改革，取得了显著效果，从高等教育外部角度来看，极大地促进了高等教育质量水平的提高。然而，高职院校的发展与质量的提升不仅依赖教育评估，还需要政府的立法规范、政策引导、拨款扶持，以及社会各方的协同努力和支持保证等一系列外部保障措施的实施。这些措施能提供政策环境和资源支持，推动高职院校的规范化、专业化建设，并进一步提升教育质量。

因此，应充分认识到教育评估只是其中一部分，还需要更多外部保障措施的积极推进和落实，这样才能全面提升我国高等职业教育的发展水平和教育质量。基于此，本节对我国高职院校外部质量保障体系的发展进行了梳理。

（一）政策法规趋于完善

从 1950 年 6 月第一次全国高等教育会议的召开开始，国家通过政策法规的颁布与实施对高等教育质量进行保障。此次会议确立了新中国高等教育的方针和任务，即通过理论与实践相结合的方法，培养具备高度文化素养、掌握现代科学技术，并全心全意为人民服务的高级建设人才。高等学校被要求为国家的经济、政治、文化和国防建设提供服务，须适应国家建设的需要，首要适应经济建设的需求（包括长远、当前、直接和间接的需求），并以具体、恰当的专业化教育来实现这一目标。

自 20 世纪 90 年代中期起，随着我国政治体制和教育体制改革的推进，职业教育的管理方面发生了一些变化。这些变化主要表现在以下几个方面：依法治教、精简机构、下放管理权、扩大学校办学自主权、鼓励民办教育发展，以及鼓励社会力量参与教育评估。

1996 年，《中华人民共和国职业教育法》通过并实施，明确了职业教育的地位、发展的方针和管理制度。1999 年 6 月 13 日，《中共中央 国务院关于深化教育改革全面推进素质教育的决定》指出，进一步简政放权，加大省级人民政府发展和管理本地区的权力及统筹力度，促进教育与当地经济社会发展的紧密结合。2002 年 9 月 24 日，《国务院关于大力推进职业教育改革与发展的决定》提出，推动职业教育管理体制改革，建立并逐步完善在国务院领导下，分级管理、地方为主、政府统筹、社会参与的职业教育管理体制。

通过立法规范、政策推动和行政落实的策略，我国逐步形成了中央和省级人民政府两级管理，以省级人民政府为主体的新教育管理体制。这一体制强调教育资源与地方经济社会发展的结合，旨在提高教育质量和办学效益。其中，中共中央于 1985 年 5 月 27 日颁布的《中共中央关于教育体制改革的决定》将学校评估确定为国家与教育管理部门加强对教育宏观指导和管理、规范学校办学行为的重要手段。进入 20 世纪 90 年代，评估更成为政府转变职能、扩大学校办学自主权，建立社会主义市场经济管理体制和推行科学管理的重要举措。

鉴于职业教育在国民经济和社会发展中的重要作用，以及职业教育过程中出现的问题，如教育质量不高、办学特色不明显、办学形式单一等，从 1991 年至 1996 年，国家对中等职业学校（包括技工学校、中等专科学校和职业高中）进行了多次评估工作，包括合格评估、水平评估和“选优”评估等。这些评估推动了中等职业教育的改革和发展，也为我国职业教育评估奠定了基础。这些变革措施使得评估成为政府转变职能、扩大学校办学自主权、推行科学管理的重要工具，进一步提高了职业教育的质量和办学效益。

为了加强国家对普通高等教育的宏观管理，促使高等教育适应社会发展并提高办学水平和教育质量，1990 年，国家教委发布了《普通高等学校教育评估暂行规定》，对评估的任务、目的、类型、评估机构、评估程序等进行了具体规定。随后，经过一段准备时期，于 1994 年进行了高等学校教学评估工作。

自 1994 年起，针对新建的本科院校，进行了合格评估。随后，于 1996 年开始对办学历史较长、水平较高的重点大学进行了教学工作优秀评估。而 1999 年，对介于这两者之间的高校开始进行随机性水平评估。

通过这些评估工作，国家能更好地了解高等学校的办学情况和教学水平，并为进一步提高教育质量和办学效益提供指导。评估工作有助于确保高等教育与社会需求相匹配，推动高等教育持续发展。

2002 年，教育部对之前的三种评估方式进行了重新调整，合并为一种评估方式，即“教学工作水平评估”。相应地，原来的三种评估方案也合而为一，形成了普通高等学校本科教学工作水平评估方案（试行）。自 2002 年至今，主要采用这个评估方案对普通高等学校本科教学工作进行评估。

截至 2003 年底，共对全国 296 所本科高校进行了教学工作评估。其中，16 所获得优秀评估结果，192 所获得合格评估结果并对 26 所进行了随机性水平评估，62 所进行了水平评估。

从20世纪90年代初至今，中国主要通过评估来保证高等教育的质量。1999 年实施的《中华人民共和国高等教育法》第四十四条明确规定：高等学校的办学水平和教育质量应接受教育行政部门的监督，并进行由其组织的评估工作。评估工作在确保高等教育质量和提升办学水平方面发挥着重要作用。

随着高等教育大众化进程的推进，高等职业教育得到了快速发展。然而，在高等职业教育的数量和规模不断扩大的同时，如何保证和提高教育质量成为中国政府与社会十分关注的问题。

为了应对这一挑战，教育部于 2003 年 9 月启动了高职院校人才培养工作水平评估的试点工作，并完成了对全国 25 个省份的 26 所高职高专院校的评估。这项工作的启动进一步完善了评估方案和操作规程，培养了评估专家队伍，并为其后实施 5 年一轮的高等学校教学评估工作奠定了基础。

为了进一步提高高等职业教育的评估水平，确保评估工作能持续健康开展，教育部发布了《关于全面开展高职高专院校人才培养工作水平评估的通知》(教高厅〔2004〕16号)，并颁布了一系列针对高职高专教育特点和全国高职高专院校现实状况的评估指导性文件，包括《高职高专院校人才培养工作水平评估方案(试行)》《高职高专院校人才培养工作水平评估工作指南(试行)》和《高职高专院校人才培养工作水平评估专家组工作细则(试行)》等。这些文件为高职高专院校的评估提供了具体指导，并对培养工作进行了细致的规范。

通过这些评估工作，政府和社会可以更好地了解高职高专教育的质量状况，推动高等职业教育的持续改进和发展。评估工作对于确保高职高专教育的质量和提升教育水平具有重要意义。

2004年10月，教育部成立了专门负责实施高校教学评估和各项专业评估工作的教育部高等教育教学评估中心。该评估中心是直属教育部的行政性事业单位，具有独立法人资格。其主要职责包括根据教育部制定的方针、政策和评估指标体系，具体实施高等学校教学、办学机构教学和专业教学工作的评估；开展高等教育教学改革及评估工作的政策、法规和理论研究；组织相关评估的培训和对外交流；等等。

在未来一段时期，评估中心的首要任务是认真完成5年一轮的高等学校教学评估工作。同时，评估中心还将每年统计并公布高等学校教学状况的数据，探索学科专业评估，并逐步建立将评估结果与增设新专业、审批学位点、确定招生计划等相关政策挂钩的激励机制。

通过评估中心的工作，教育部将能更全面地了解高等学校的教学质量和办学状况，推动教学改革和提升学校教育水平。评估结果还可用作制定相关政策和决策的依据，确保高等教育的可持续发展和不断提高。

评估中心的建立还将促使各省市和高校加强评估制度的组织机构建设，同时，推动社会中介评估组织健康发展。教育部高等教育教学评估中心的成立，以及教育部对高等学校实施5年一轮评估制度的确立，标志着中国特色高等教育质量保障体系的建立迈出了重要一步。

通过评估中心的运作和评估制度的实施，政府将更好地了解高等教育的质量状况，并能采取相应的措施和政策来推动教育改革与提升教育标准。这将有效促进高校的内部管理，激励学校提高教学质量，创新人才培养模式，提高教师素质，进一步提升整个高等教育系统的发展水平。

根据 5 年一轮的高等学校教学评估制度，本科教学评估由教育部统一领导，由教育部的高等教育教学评估中心组织实施。而高职院校教学评估由各省、自治区、直辖市的教育厅（委）负责领导和组织，不过教育部会抽查评估一部分高职院校并派遣专家进行评估。每年，教育部将对大约 200 所本科院校和独立学院进行评估，同时，抽查参与过评估的大约 50 所高职院校，总计评估大约 250 所院校。

目前，全国大多数省份已经根据教育部的《高职高专院校人才培养工作水平评估方案（试行）》，对本省（自治区、直辖市）的高职院校进行了评估工作。

所有这些评估工作在促进高等教育的正向发展、推动教学建设和改革、促进学校建立内部质量监控体系、提高教育质量等方面起到了重要作用。它们为建立具有中国特色的高等职业教育质量监控体系积累了宝贵经验，并为高校提供了指导思想和改进方向。

根据 2013 年教育部发布的《关于开展高等职业院校人才培养工作评估调研的通知》（教职成司函〔2013〕161 号），各高职院校按照教育规划纲要中“建立健全职业教育质量保障体系”的要求，做好适应新形势下高职院校人才培养工作评估的筹备工作，并着手开展对高职院校人才培养效果的第二轮评估调研。

2021 年 10 月，中共中央办公厅、国务院办公厅印发《关于推动现代职业教育高质量发展的意见》。该意见明确提出了完善质量保证体系的要求，具体包括建立健全教师、课程、教材、教学、实习实训、信息化、安全等国家职业教育标准，并鼓励地方根据实际情况制定更高要求的地方标准，同时，支持行业组织和龙头企业参与标准的制定。此外，还推动职业学校建立教学工作的诊断与改进制度。完善职业教育督导评估办法，加强对地方政府履行职业教育职责的督导，进行中等职业学校的办学能力评估及高等职业学校的适应社会需求能力评估。同时，健全国家、省级和学校级的质量年报制度，定期组织审查抽查质量年报，提高编制水平，并加大公开力度。还强调了评价结果的运用，将其作为批复学校设置、核定招生计划和安排重大项目的重要参考。

2022 年 4 月，十三届全国人大常委会通过了新修订的《中华人民共和国职业教育法》(以下简称《职教法》)。新《职教法》强调了职业教育的地位和作用，并将其提升到与普通教育同等重要的位置。在管理层次上，新《职教法》规定职业教育实行政府统筹、分级管理、地方为主、行业指导、校企合作、社会参与等措施。在证书方面，新《职教法》整合了职业教育的成果证书，并具体规定了不同种类的职业教育证书，以及这些证书之间的融通互认，实现了职业教育证书与普通教育证书的互通互认。此外，新《职教法》还强化了职业教育办学主体责任，在职业教育中落实了企业的主体地位，鼓励行业企业深度参与职业学校的专业设置、教材开发、培养方案制定、质量评价、教师培养培训、实习实训基地建设等全过程。新《职教法》的制定，构建了新时代职业教育法律制度体系，进一步保障了职业教育的高质量发展。

（二）组织机构逐渐健全

一是建立了相应的政府评估机构，包括教育部高等教育司和国务院学位委员会办公室。前者负责监督和领导全国高等教育评估工作，后者也扮演着同样的角色。此外，教育部高等教育教学评估中心也正式成立，并承担着对普通高等学校本科教学、高职高专教学及独立学院教学进行评估的责任。为确保专业评估的质量，该评估中心还与相关行业协会联合进行专业评估。除此之外，高职高专院校人才培养工作水平评估委员会也负责开展对高职高专人才培养工作的评估任务。建立这些政府评估机构，能更加有效地把握和指导全国高等教育的发展方向。

二是随着高等职业教育的不断发展和得到重视，涌现了一批从事高等职业教育评估的民间机构，如高职发展智库、“金苹果”等。这些民间机构在高等职业教育评估方面起到了积极的推动和促进作用。

首先，这些民间机构在高等职业教育评估方面具有灵活性和专业性。相比于政府部门或官方机构，民间机构更加灵活，能更快地针对高职院校的需求变化进行调整和改进。同时，这些机构通常由一批经验丰富、具备专业背景的专家组成，能提供更专业、全面的评估服务。

其次，民间机构的参与丰富了评估内容和方法。这些民间机构可以提供更多元化、细致化的评估指标和方法，更好地反映高等职业教育的特点和实际需求。它们通常充分借鉴国内外先进的评估理念和方法，结合国内高等职业教育的特点和实践，推动评估工作的全面升级。

最后，民间机构的参与促进了高职院校质量保障体系的不断完善。它们通过开展评估工作，对高职院校的办学理念、教学模式、师资队伍、学生培养成果等进行全面的梳理和研究，提供改进和优化的建议。这有助于高职院校对自身的发展进行反思和改进，不断优化质量保障体系，提高办学水平。民间机构的参与提供了多元化的评估选择和服务。由于高职院校数量众多且地域分布广泛，政府主导的评估机构往往难以覆盖所有院校。而民间机构的参与，为高职院校提供了更多的评估选择和服务，满足了不同高职院校的评估需求。

高等职业教育评估的民间机构在高等职业教育质量保障方面发挥了重要作用。其灵活性与专业性、多元化的评估内容和方法，以及提供的改进建议和服务，推动了高职院校质量保障体系的不断完善和办学水平的提高。

三是成长了一批高等学校评估研究与实践机构，如杭州电子科技大学等院校，这些院校致力于研究高职评价理论并进行评估实践，对高职院校的质量保障工作起到了重要的推动作用。评估研究与实践机构在高等学校内部提供了专门的平台和支持，促进了高职评价理论的研究和传播。这些机构通过开展研究项目、组织学术讨论和研讨会，为高职院校的评估实践提供理论支持和指导。它们深入探索高职评价的特点、方法和标准，为高职院校的评估工作提供了新的思路和解决方案。

通过建立专门的机构来开展评估研究和实践，高等学校可以更加深入地了解自身教育质量和发展状况，及时发现问题并采取相应的改进措施。这些机构还可以为高职院校建立和完善质量保障体系提供专业支持，帮助学校提升教育教学质量和发展水平。

评估研究与实践机构在高等学校之间的合作和交流中发挥了重要作用。这些机构开展专题研究和项目合作，分享评估经验和成果，并促进高职院校之间的互相借鉴和共同提高。它们组织学术交流活动、举办研讨会等，推动学术界对高职评价领域的关注和研究，为高职院校的质量保障工作提供全面的支持和指导。

高等学校评估研究与实践机构的成立对于高职院校的质量保障工作具有重要意义。它们通过研究高职评价理论、提供评估支持和指导，促进了高职院校质量保障体系的完善和提升。同时，它们也在高等学校之间的合作与交流中起到了桥梁和纽带的作用，推动了高职教育质量的共同提高。

（三）评估活动不断开展

我国高职院校外部质量保障的发展和变革得益于体制改革催生的政府权力下放，以及高校办学自主权的获得。从 1985 年 11 月开始，国家教委发出了《关于开展高等工程教育评估研究和试点工作的通知》，这标志着全国范围内对高等工程本科教育及硕士、博士学位授予质量评估的研究和试点工作的启动。此后，关于高等教育质量评估的研究和试点工作全面展开。由于体制改革的推动，政府权力得到适度下放，高校获得了更多的自主权，这为高职院校的外部质量保障提供了动力。

在2003年的《2003—2007年教育振兴行动计划》中，教育部明确提出了普通高等学校教学工作水平评估制度的实施，并将合格评估方案、优秀评估方案，以及随机性水平评估方案合并为现行的《普通高等学校本科教学工作水平评估方案》。这一决定规定了将普通高校教学水平评估分为优秀、良好、合格和不合格4个级别来进行定位。随后，在2004年8月，教育部高等教育教学评估中心正式成立，确立了5年一轮的教育评估制度。这一制度的建立进一步促进了普通高等学校教学工作水平评估的开展与推进。

自2004年开始，教育部发布了《高职高专院校人才培养工作水平评估方案（试行）》的决定，开始对26所高职高专院校进行试点评估。此后，各省、自治区、直辖市的教育厅（委）按照教育部制定的评估方案，由各省级教育行政部门组织实施，负责对本地区的高职高专院校进行评估工作。同时，教育部定期抽查各省份的评估结论，这一举措有利于确保高职高专人才培养质量的不断提高。

高等职业教育规模的不断扩张，尤其是生源的多元化，使得社会各界对高等职业教育人才培养质量问题越来越关注。到2022年，高职（专科）学校数量增至1489所。自2014年以来，全国高职高专院校数量连年增长，过去9年间增加了162所。2022年，高职（专科）学校的校均规模达到10168人。各种中介性质的机构、行业协会、专业团体和新闻媒体，开始参与高等职业教育质量评估，并制定了一定的指标以进行综合排名和各种形式的排名，包括地区、专业大类、专业群等方面的排名，这必然成为保障和促进高等职业教育质量水平提高的重要力量。

四、外部质量保障体系存在的问题

经历了50多年的实践，我国高职院校外部质量保障体系的建设取得了显著成绩，积累了丰富的有益经验，但也存在着许多问题与不足之处。

（一）研究理论还未形成体系

高等教育质量保障热潮是随着高等教育大众化到来的，但我国对高职院校外部质量保障的研究理论还未形成体系，理论研究的深度还不够，现有的理论也还不成熟、不完善。与综合性大学相比，高等职业教育在我国的发展相对较晚，这意味着对其外部质量保障体系的研究和理论构建也相对较晚。在过去的几十年中，高等教育的研究主要集中在综合性大学，对于高职院校和高等职业教育的研究相对较少，这也限制了外部质量保障体系的研究和理论建设。随着高等职业教育的迅速发展及政策的变化，学术界和研究机构还没有足够的时间及资源来深入研究与构建高等职业教育外部质量保障体系的理论。

然而，我国已经意识到高等职业教育外部质量保障体系的重要性，并且正在逐步加强相关研究和理论建设。一些高校、政府机构与研究机构已经开始进行高等职业教育外部质量保障体系的探索和研究，以填补这一领域的空白，并为进一步的发展提供理论支持。这方面的研究需要不断加强，包括对外部质量保障体系的基本理论、评估指标体系、评估方法和模型的研究，同时，也需要加强队伍建设和学术研究的支持，以形成更具深度和广度的理论体系。

（二）参与保障的主体不足

在高职院校外部质量保障中，政府的作用较为突出，而行业和企业的参与程度则相对不足。作为获益最大的利益相关者，行业和企业在高职院校质量保障方面的参与度有所欠缺。目前，企业与高职院校的合作主要集中在人才输送方面。通常以签订“订单”“协议”或“合同”的方式与学校合作，企业提供相关资源，而学校则向企业输送人才。企业的参与主要体现在提供实训场地、派遣指导教师、投入资金和设备等方面。然而，它们很少参与学生培养标准的制定、课程内容的设计，以及培养过程的评价等环节。从专业设置的初期，到培养学生所需的素质要求，都应该与企业的用工需求和对技术工人素质的要求相关联。只有企业在高职院校的相关过程中积极参与，才能使得高职院校的人才培养更加符合企业的用人需求，从而保障高职院校的教学质量。

与此同时，行业作为同一领域企业的联合体，应与政府相关部门展开合作，共同制定该行业领域所需相关专业的人才培养标准，并参与评估和评价过程，共同制定评估和评价的标准。另外，社会大众也是高职院校的重要利益相关者，应积极参与保障高职院校质量的工作。他们可以通过监督和提供建议的方式参与其中，以确保高职院校的质量得到保障。

（三）地区差异较大

各地区对于高职院校外部质量评估的标准和方法存在差异，缺乏统一的标准和指标体系，限制了高职院校的交流与发展。一是各地区对高职院校质量评估的标准存在差异，不同地区或机构往往侧重不同的指标和要求，这导致了评估结果的可比性较差，难以实现跨地区、跨学校的对比和交流；二是指标体系不统一，目前，针对高职院校的评估指标体系缺乏统一性，各地区制定的指标体系可能存在差异，缺乏统一的指标体系限制了评估结果的公正性和可比性；三是评估方法多样性，不同地区可能采用不同的评估方法和程序，涉及的内容和方式也存在差异，这使得评价的形式和角度有所不同，难以进行有效的横向对比和总结；四是地方政策影响，由于地方政府对高职院校有一定的管理职责，地方特色和政策也会对评估标准与指标体系产生影响，这进一步加大了地区差异。

第二节
内部质量保障体系

一、高职院校内部质量保障体系概述

高职院校内部质量保障体系是指学校自身建立和实施的一套体系，旨在确保教育教学质量、提升学生发展能力和就业竞争力。它是通过监测、评估和改进各项教育教学活动，以确保教育目标的达成，并满足学生需求和社会期望。

高职院校内部质量保障体系通常包括以下主要内容。

一是教育教学目标与规划：明确学校的教育目标，制定相应的学科专业建设规划和教学大纲。二是师资队伍建设：积极引进和培养优秀的教师，提高教师的教学能力和专业水平。三是教学过程管理：设计并执行有效的教学计划，监控和管理课程教学、实践教学、实习等环节。四是学生成绩评估与反馈机制：建立科学的考核制度，评估学生的学习成果，及时提供反馈和帮助。五是资源支持与保障：为教学提供必要的人力、物力和财力支持，确保教学设施和实验设备的完善与更新。六是质量监测与评估：开展定期的质量监测和评估活动，对教学质量、师资力量、学生满意度等进行评估分析。七是持续改进与发展：基于评估结果和反馈信息，进行改进和创新，不断提高教育教学质量。

高职院校内部质量保障体系是保证教育质量持续改进和提升的重要手段，通过内部质量保障体系的建立和运行，高职院校能更好地适应社会需求，提供具有较高质量的教育教学服务。

二、高职院校内部质量保障体系的特点

高职院校内部质量保障体系一般由目标系统、对象系统、组织系统和改进系统等 4 个子系统构成，其基本点有如下几个方面。

（一）目标系统的特色性

高职院校类别众多，其突出特点就是多样化，主要体现在：专业设置多样化，教学方法多样化，学生背景多样化。这种多样化使得院校需要根据不同学生的特点和需求，制订相应的教育教学计划并制定相应的管理措施。其内部质量保障系统的建设需要借鉴国际上先进的教育质量管理经验和理念，结合国内的教育实践，通过吸收精华并进行本土化改进，构建适合自身的质量保障体系。同时，可以根据自身的专业和学科特长，走特色发展之路。例如，一些院校可以在某个领域培养具有特殊技能的人才，形成自己的特色专业；另一些院校可以在教学方法上有所突破，开展创新的教育教学模式。

（二）对象系统的全面性

高职院校内部质量保障是对学校教育教学活动全程、全员、全面的管理。高职院校内部质量保障体系对象系统的全面性体现在以下几个方面。

全程管理：内部质量保障是对学校教育教学活动全程的管理，涵盖教学计划制订、教学过程管理、学生评估、学术研究等各阶段。从课程设计到毕业评估，每个环节都要受到质量保障的监督和管理。

全员参与：高职院校内部质量保障体系涉及学校的全体成员，包括教师、行政人员、学生和校友等。教师要负责教学质量的提升，行政人员要负责资源配置和管理效能的优化，学生要积极参与学习活动，校友可以为学校的发展提供支持和指导。

全面覆盖：内部质量保障体系要覆盖学校的各管理部门和教育教学要

素。管理部门需要负责制定与执行相关政策和制度，组织协调各项办学活动；教育教学要素包括教学设施、师资力量、教学资源等，需要进行科学组织和管理，以确保教育质量的稳定和提升。

组织协调：内部质量保障体系需要管理部门对办学要素的组织协调与管理。管理部门要负责对各环节进行有效协调，确保教学活动的顺利进行和教育质量的提升。同时，要建立信息共享机制和沟通渠道，促进各部门之间的合作与协同。

高职院校内部质量保障体系对象系统的全面性体现在对教育教学活动的全程、全员、全面的管理。通过科学组织与运行，各管理部门和教育教学要素可以密切合作，协同努力，共同促进教育质量的提升。

在这一过程中所有人员、活动、环节都会对教育质量产生影响。高职院校内部质量保障体系的对象既包括管理部门对办学要素的组织协调与管理，也包括教育教学要素的科学组织与运行。

（三）组织系统的整合性

高职院校内部质量保障体系建设涉及的各环节都是相互关联、相互作用的，单个环节的发展和改进很难实现学校办学质量的整体提升。因此，为了有效地提高学校办学质量，需要将各环节进行整合，并以课程建设为核心。

第一，可以通过改革专业人才培养模式打破传统的教学模式，注重培养学生的实践能力和创新能力。采用以实践为导向的课程体系，可以使学生更好地掌握所学知识，并将其应用于实际工作中。

第二，需要调整课程结构，使之与社会需求和产业发展相匹配。通过与相关行业企业的密切合作，了解实际工作需求，并根据需求对课程进行调整和改进，让学生在校期间就能获得与实际工作相关的知识和技能。

第三，完善校企合作机制是非常重要的一环。加强与企业的合作，建立稳定的合作关系，并共同制定人才培养方案及制订实践教学计划，可以更好地将学生的学习与实际工作相结合。

第四，改善实训条件是必不可少的。为了满足对实践技能的培养需求，学校需要建设和完善实训基地，提供先进的实验设备和实际操作场所，使学生能进行真实的实践操作，提升他们的实践能力和技术水平。

第五，教师素质的提升是关键因素之一。学校需要注重培养和引进高水平的教师，提供持续的教师培训和专业发展机会，以提升他们的教学水平和专业知识。

第六，在整个建设过程中，学校可以通过整合各方资源，包括专家、企业、行业协会等，共同参与人才培养，形成人才培养合力。建立起学校、企业和社会之间紧密的联盟关系，共同推动高职院校内部质量保障体系的建设和提升。

通过以上的整合措施，高职院校内部质量保障体系可以更加有机地结合起各环节，形成一个相互促进、协调发展的整体系统，从而实现学校办学质量的提高。

（四）改进系统的闭合性

高职院校内部质量保障体系改进系统的闭合性是指通过借鉴相关理论与技术，构建闭环式的改进系统，确保质量管理的动态平衡。具体来说，闭合性体现在以下几个方面。

改进循环：高职院校内部质量保障体系需要建立起自我改进的循环机制。这意味着教育质量的评估和改进工作是持续进行的，并且在反馈中不断优化和完善教育教学活动。通过对教育教学过程和结果的诊断，确定改进方向，制订有针对性的改进计划，并在实施后进行再评估，形成持续改进的闭环循环。

制度规范：为了保证质量管理的有效进行，高职院校需要建立一系列制度和规范，以规范、约束、协调利益相关者之间的关系。这些制度包括教学大纲、教师评价体系、学生评估制度、教学设备维护规范等。这样的制度可以为教育质量管理提供明确的标准和规范，并为各方参与者提供明确的责任和要求。

利益相关者的参与：高校内部质量保障体系需要广泛地纳入利益相关者的参与和意见反馈。这些利益相关者包括教师、学生、家长、行政管理人员、校友等。通过建立有效的沟通渠道和反馈机制，保证各方可以及时地提供意见和建议，参与质量管理。这样可以增加改进决策的合理性和准确性。

动态平衡：闭合的改进系统需要实现动态平衡，即在不断的变化中保持稳定。高职院校内部质量保障体系需要具备对外界环境变化的敏感性，并根据变化情况及时调整和优化质量管理策略。保持动态平衡意味着持续关注变化和趋势，灵活应对变化并保持质量管理的稳定性。

通过构建闭环式的改进系统，高职院校内部质量保障体系可以形成有机互动的运行机制，不断提升教育质量，并适应变化的需求和挑战。同时，通过制度规范和利益相关者的参与，确保质量管理的有效性和可持续性。

三、高职院校外部质量保障体系的发展现状

（一）质量文化建设特色越来越明显

质量保障文化由质量物质文化、质量行为文化、质量制度文化和质量精神文化构成，其中，质量精神文化是核心内容。一般而言，营造质量保障文化包括 4 个方面：树立质量理念与制定质量管理规范，传播质量意识并创新管理工具，通过国际标准认证强化质量意识，并形成独特的质量保障文化。近年来，有部分高职院校建立了内部质量保障体系，并逐渐形成了各具特色的质量保障文化。

一是在全质量管理理论的指导下，建立了螺旋式目标系统。这一系统将质量螺旋递进流程纳入其中，成为高职院校质量保障工作目标系统建设的重要组成部分。在高职院校内部质量保障体系中，重点关注了如何营造质量保障文化、树立质量理念和制定质量管理规范。同时，还需要实施目标管理和考核性诊断改进（以下简称“诊改”）措施。按照目标管理的SMART原则，对学校的“十三五”发展规划进行目标细化和任务分解，并形成学校年度建设目标和工作计划。此外，还明确了各部门、专业、课程、教师和学生的主体责任、工作目标、工作任务与质量标准。

根据全面质量管理的PDCA循环原则，组织开展目标达成、任务实施和过程监督活动。同时，进行实时监测预警和动态调整修改工作计划，以确保实施过程的有效运行。在此基础上，进行诊改和绩效考核，重点关注学院年度任务落实、专项任务建设及过程管理成效等方面。通过这样的方式，最终形成了目标—标准—计划—实施—诊断—改进的“8”字形质量改进螺旋。通过不断上升和持续递进的质量改进螺旋，确保学院实现质量方针和总体目标。

二是建立了全质量管理理论下全要素目标系统。该内部质量保障体系基于“横向依附、纵向贯通、三级监控诊改”的基本框架。横向依附指学校、专业、课程、教师和学生5个层面的质量依附关系。纵向贯通指决策、资源、支持、生成和监控5个系统之间的贯通。三级监控诊改指在学校、二级学院和专业教研室3个层级递进进行的诊改工作。

同时，完善了以质量控制和质量提升为目标的管理流程，并建立了网络化、全覆盖和具备预警功能的内部质量保障体系，以不断提升内部管理水平。定期开展教学工作的诊改制度，并从多个角度进行诊改工作，以促进学校在多个层面上建立完整的质量自我保障机制。此外，也加强了学院各级之间的管理依存关系，加深了体系的牢固性，形成了全要素网络化的内部质量保障体系。

三是建立了ISO质量管理体系下的目标系统。按照ISO质量管理体系，提供给学生符合法律法规要求的任务目标，让学生在接受教育过程中进行能力提升，并针对此教学目标建立教育质量的管理体系。构建以学生为主导、全校教职工参与的教育全过程质量监控的管理模式，主要通过构建环环紧扣的体系架构实现质量保障目标达成。学校内部质量保障体系的工作重点是保障教育质量，保证学生满意度。学校内部质量保障体系与 ISO 质量管理体系有效结合，把以学生为关注焦点、全员参与、基于 PDCA 循环的过程控制方法，以及持续改进的质量管理理念应用到教育教学之中。

在质量管理工作过程中，各项任务都可分解为做出计划、计划实施、检查实施效果，然后将合格的纳入标准。另外，在 ISO 质量管理体系的基础上建立了目标系统，按照 ISO 质量管理体系，为学生提供符合法律法规要求的任务目标，使学生能在接受教育过程中不断提升能力，并建立教育质量管理体系以实现这一教学目标。

进一步构建了内部质量管理保证体系，该体系以“五层面”“四过程”和“一焦点”为基础。这里的“五层面”分别指学校、专业、课程、教师和学生。而“四过程”是指以下具体环节：首先，领导小组进行决策指挥，根据学校实际情况、学生专业需求、课程状况、教师能力及学生能力提升诉求等多方面要求，制定质量改进方案并进行总体决策指挥；其次，资源管理与服务，将学校内部有限的资源进行高度整合，并在资源使用过程中为第三个过程的质量生成提供服务；再次，质量生成是指质量管理体系对前两个过程的实施情况进行分析，评估教学质量的结果，这是对学生学习成果的有效测评，同时，也可用于对教师教学成果进行考核；最后，将生成的质量推进到测评改进阶段，即诊改制度对生成质量进行测评和改进。

四是建立了全质量管理理论下质量保障文化深渗透目标系统。学院以质量保证制度为基础，对各项工作实施目标管理。绩效考核性诊断制度成为工作的核心，对工作过程和结果是否达标进行诊断与评估。评估结果与教师的奖励激励制度挂钩，为内部质量保障体系的运行提供动力机制。所有这些工作都是在推动质量保障文化的质量管理制度基础上进行的。

工作计划中明确各组织部门的工作责任，并针对不同部门制定详细的工作指标标准，将其作为工作结果的检测和评价依据。评价结果与绩效挂钩，对未能按时达到目标效果的部门和行为进行问责。而在诊改计划中，则明确工作目标，并统筹分析实现这些目标所需的物资、人力、技术等资源。

此外，进一步加强了校企合作，通过企业代表将企业质量元素融入学院教学工作，打造具有企业文化特色的专业文化环境，提高师生的质量意识。

同时，借助于ISO质量审核基础，通过不断完善学院内部质量保障体系、质量管理手册等内容，确立了持续改进和有效的质量行为准则，以规范全员的质量行为，并确保质量管理体系的有效运行。同时，还进行了多角度的质量教育，旨在提升全员的质量管理理念，形成教职员工共同认可的现代质量观和独特的现代质量文化。

（二）质量保障对象越来越以学生为主导

在高职院校内部质量保障体系建设工作的全过程中，绝大多数学校意识到了学生在其中的重要性，并以学生为主导进行了一系列的质量保障诊改工作和活动。这不仅体现了学生的主导地位，还合理有效地利用了学生在质量保障工作效果检验和纠错方面的能力。学校之间对学生主导地位的体现各有差异，这也取决于学校的特色和实际情况。

一是对全质量管理理论下的对象系统进行了升级。各学院充分认识到质量保障工作中以学生为主体的对象系统明晰的重要性。在学生层面上，根据学生发展标准开展了自我诊改活动。通过制定学生发展标准，进行学生的自我评价和诊断改进工作。建立了包含学业水平、职业素养、个人能力、社会能力等4个发展指标的学生发展标准，并据此组织、引导学生在学习、修业、生活和社会活动中的表现。结合学生发展标准，在学校数据平台上设计与编制了涵盖学习、生活、人文、社交、实践、心理和健康等各领域的多维度问题表单，并向学生发布。学生可以通过移动终端进行在线诊断并进行自我调适。

同时，导师和辅导员通过学生状态数据分析，结合学生自我诊断结果，及时监测和诊断学生的学习、生活与个人成长状态，并在需要时进行预警和反馈，以便及时解决存在的问题。

为了引导学生自我改进和提升，各学校通过完善全面育人工作机制实施了相应措施。例如：建立了关注学生个体差异、激发学生主体精神的多元化、多平台、多层次的职业教育素质教育体系。通过构建一个由政府、学校、行业企业和社会共同参与的全面教育发展机制，致力于为学生创造良好的学习、生活环境。

根据学生自我诊断和平台综合诊断的结果，结合学生发展标准和素质教育目标，为每位学生量身定制个人改进和提升计划。同时，采用多种方式和途径进行物质与精神激励，以引导学生个性化、差异化发展，并持续挖掘学生的潜能，发挥他们自身的优势。

此外，还搭建了资源共享的在线学习平台，以鼓励学生进行个性化学习。通过在线学习平台，实现资源的共享，优化网络教学资源，并改善原有的教学环境。转变了教学形式，在课前、课中和课后引入网络资源与线上线下混合学习方式。同时，鼓励学生将专业课程与个人兴趣相结合，展开自主式、交互式和个性化的学习。

二是进行了ISO质量标准下的学生诊改工作。学生诊改工作从学生自我发展、学业发展、职业发展和社会能力4个方面进行评价。根据这些评价标准，建立了学生发展自我诊断平台，要求学生定期在平台上完成一些有趣味性的题目。根据综合考评的结果，为学生提供发展建议。同时，实施了学生成长导师制，确保每位学生都有教师负责指导。导师定期收集学生发展自我诊断平台上的测评数据，并针对数据进行有目的的辅助指导。

根据学生发展标准，通过信息反馈和状态数据库数据分析等手段，对学生的培养工作进行诊断。编制学生发展质量诊改报告，并将诊断结果交由各二级学院、系、部门和学生管理部门，以便落实下一步的改进工作。

（三）教师在质量保障中发挥的重要性越来越凸显

关于高职院校内部质量保障体系中建立以教师队伍为组织系统的工作主要有两个方面需要注意。首先，要有效整合现有的教师队伍，并将内部质量保障体系建设工作划分为指挥、行动和诊改 3 个部分，其中，行动部分应根据教师的能力和专业背景进行适当划分，形成各个平行的行动组织。其次，教师个人能力的提升是高职院校师资力量的重要保证，其中，双师型教师的比例是高职院校努力追求的目标。因此，应注重教师的个人能力培养，提供相应的培训和发展机会，以不断提升教师的专业素养和能力水平。这样可以有效地推动教师队伍的建设和质量保障体系的完善。

一是建立全质量管理理论下层级分明的组织系统。该系统包括学校—二级院部—专业（课程）三级内部质量保障组织体系。这个组织体系由决策指挥、质量生成、资源建设、支持服务和监督控制 5 个系统构成。每个系统的工作职责同等重要，并在内部质量保障体系建设工作中发挥决策性的作用。

由教师队伍组成质量保障诊改工作组，确立了明确的责任分工。质量保障诊改工作组的主要特点是工作层级递进，责任分工明确到个人。每个层级的教师都承担特定的职责，从而形成了一个紧密合作的体系。

构建学校诊改工作的决策指挥系统，设立学校的内部质量保证体系诊断与改进工作委员会，简称为“校诊改委”。校诊改委由党委书记和校长担任主任，二级部门主要负责人担任委员。同时，还设立校诊改委秘书处，定期召开工作例会。

校诊改委负责把握学校质量保证和诊改工作的方向、方针和政策。审批学校诊改工作的实施方案和相关工作制度，并定期听取校诊改委秘书处，以及各诊改工作小组的工作汇报。校诊改委还研究决策诊改工作的重大事项，并对所有诊改工作实行统一的领导、指挥、协调、督查和考核。

加强二级学院（部）的质量保证和诊改工作，建立质量保证诊改工作小组，由各二级学院（部）主要负责人担任组长。质量保证诊改工作小组负责二级学院（部）的质量管理和诊改工作，并在学院内部的质量保障工作审查中起着核心的质量生成作用。

质量保证诊改工作小组的职责包括设计各专业的人才培养方案和工作标准，以确保专业建设的质量和诊改工作的实施效果。同时，还开展部门自我诊改、绩效考核和专业（课程）质量诊改复核，并撰写部门的诊改报告。

建立各专业的质量诊改工作小组，其中，各教学部门的主要负责人担任组长。这些小组承担着对专业课程建设质量的自我诊改工作。这些小组的职责涵盖了制定专业人才培养方案和专业标准，定期开展学生学业情况的调查分析，以确保专业、课程建设的高质量实施。同时，这些小组还负责撰写专业（课程）质量诊改报告。通过对专业质量进行自我评估和诊断分析，提出改进意见和措施，推动专业建设的不断优化和提升。通过建立各专业的质量诊改工作小组，并由教学部门的主要负责人担任组长，能更好地推动专业课程建设质量的提升，实现持续的改进和发展。

这种层级分明的组织系统和明确责任分工的工作组，为质量保障体系提供了有效的支持。它能确保各级组织之间的协调与配合，使整个体系运作顺畅，提高了内部质量保障工作的效果。

二是建立全质量管理理论下权责到人组织系统。各学院要充分认识到教师队伍的重要性，将其作为质量保障工作组织系统不可或缺的组成部分。根据质量保障工作的不同任务需求，不断创新并建立适应的质量保证组织。这样做可以最大化地提升教职工的能力，同时，针对不同部门教师的工作特点，分配不同的任务，使责任得到明确。这样一来，每个人都清楚自己的职责，并能对其承担的任务负责。

成立质量保障委员会，其中，校长担任主任。质量保障委员会的工作职责包括制定质量保障政策，并考核各部门的工作绩效和工作质量。办公室由教务处或质量管理办公室领导，主要负责执行教育质量管控工作，确保考核和诊改制度的有效运行。

加强二级学院的质量保障工作，建立质量保障工作组。其中，二级学院院长兼任组长，总体任务是审查人才培养方案，监管质量管控和学院的自我诊改，并撰写专业质量年度工作报告。

此外，二级学院还设立了专业质量保障小组，由专业负责人兼任组长。专业质量保障小组的工作内容包括专业质量的自我诊改、编写教学大纲，以及定期进行学生学习情况的分析与反馈，并撰写教学质量分析报告。

通过以上安排，能加强质量保障工作的组织和管理，确保各级部门和学院能有效开展质量保障工作，并持续提升教育质量。

三是建立双闭环控制下的教师组织系统。双闭环控制原理的运作特点是兼顾内环反馈与监控及外环反馈与评价，这两个闭合回路可以无缝衔接并交替进行，这种运作特点对提升职业教育的教学质量非常有益。

在运行过程中，双闭环控制原理具有显著的特点。其中，内环反馈与监控负责对教学质量进行实时反馈和监测，以保障教学过程的顺利进行；而外环反馈与评价则负责对教学效果进行评估和反馈，以确保教学目标的实现。

这两个闭合回路能紧密结合并相互补充，形成一个动态的控制系统。通过不断的内环反馈与监控，可以及时发现问题并采取改进措施，从而持续提高教学质量；而通过外环反馈与评价，可以对教学成果进行全面评估，为进一步改进和优化提供依据。

因此，采用双闭环控制原理的教学质量管理方式符合职业教育对提升教学质量的需求，能有效地促进教学质量的不断提升。

学校的质量管理部门，如质量管理办公室，是负责质量监督和改进的组织部门。它们的职责包括通过教学督导、人才培养工作状态数据采集，以及质量管理体系的内审和外审等形式，对教育教学质量进行诊断，并组织纠正存在质量问题部门的错误行为。

每项工作都构成了从计划、执行、检查到处理的 4 个完整层面的闭环。主要控制部门首先在组织系统内部形成内部闭环。其次在此基础上，质量管理部门通过内部审核和状态数据采集等措施，形成一个更大的闭环系统。

这样，就形成了一个多过程控制的内部质量保证体系，同时，也具备多层级递进的特点。通过闭环系统的反馈和自检功能，教学过程可以自我完善，最终达到提升学生质量的目标。

通过使用双闭环，校园组织系统的教师人力资源得到了最大限度的提升。在质量保障工作过程中，双闭环可以及时纠正偏差，使人力资源在程序设计中发挥其最大的作用，从而达到减少无用功的目的。

四是建立双闭环控制下全校园任务分解组织系统。为了给人才培养提供组织保障，各高校可建立学校、部门和教研室（班组）三级质量管理组织。

在一级组织方面，学校可成立质量管理委员会，其职责包括撰写体系实施方案、负责全校的质量管理工作，以及撰写学校年度质量报告。此外，它们还可根据实际办学情况制定学院内部的质量保证体系，统筹各部门在各层面开展诊改工作。

同样重要的是二级组织，也就是质量管理办公室。它们负责对各部门的质量管理工作进行检查、监督、指导和评价。通过诊断学院各项工作的目标达成度和实施成效，它们能提出需要整改的问题，并对发现的问题进行研究和分析，同时，将相关问题上报给学校的质量管理委员会。

二级组织指的是学校内的各部门，其职责是负责本部门的质量管控工作，包括制订本部门的诊改方案，执行由质量管理委员会下达的诊改工作指令，以及撰写本部门的年度自我诊改报告等。

三级组织则是指各子部门内的教研组，它们的职责是负责专业和课程质量的自我诊改。它们需要编制专业人才培养方案和课程标准，并及时追踪学生的学习状况并进行分析，以保证授课质量。此外，它们还需要撰写关于专业质量诊改工作的报告。

为了确保质量保证工作的有序进行，还可以建立决策指挥、资源建设、支持服务、质量生成和监督控制 5 个系统的内部质量保证体系架构。同时，建立完整且相对独立的自我质量保证机制，明确各部门在诊改工作中的主要职责。通过这样的规划，能确保各项诊改工作的执行，并逐步形成全校园网络化的内部质量保证体系。

通过分级规划和明确职责，组织系统得到了完善，任务能层层下发、分级处理。这使得质量保障工作可以高速度、高质量地完成。

（四）信息技术在质量保障的改进提升中应用越来越广泛

改进系统建设工作以技术手段为辅助，主要聚焦于质量保障工作的诊改系统的完善。技术手段的应用旨在实现教学质量保障的诊断与评价的全程监督，实质上是教师在技术手段的辅助下进行监督的系统。另外，教师利用数据平台的信息处理结果，针对质量保障工作中的问题进行修正，也是关注的重点。

由于不同学校的数据平台表现形式各异，并且院校情况各异，因此技术手段的使用方式也会有所不同。然而，随着时间的推移，技术手段变得越来越成熟，并得到了广泛的应用。

一是建立全质量管理的网络技术支撑改进系统。为了方便和提升诊改工作，部分高职院校构建了一个健康、绿色的智慧校园，并在此基础上建立了一个简便易行、优质可靠、快捷高效的信息化平台。智慧校园利用现代网络信息技术如信息采集（如 RFID）、储存技术（如 SSD）、信息传输（包括计算机网络、移动互联网、物联网），以及数据分析（借助云计算等技术），有效整合和充分利用各种信息，对教育教学和管理服务过程进行重新组织、再造、优化与协调。

智慧校园的主要任务是搭建一个校本状态数据平台，解决现有网络物理校园中不同业务应用系统之间应用盲区、数据壁垒和信息孤岛的问题。这将通过实行统一的信息门户、身份认证、数据源头和标准规范来实现。通过技术融合、数据融合和业务融合，最终实现信息和数据的共创、共享和共治，进而构建校园物联网，为诊改工作提供原始和基础数据。同时，还将搭建质量监控与绩效考核平台，以确保监控工作实时进行，诊改工作的效果得到有效保证。

通过开发和建设质量监控与绩效考核平台，能对各类业务的开展情况、工作质量，以及目标偏差进行及时监控。在教学质量监控方面尤为重要，利用移动终端实施了师生课前考勤、课堂教学远程监控、课堂教学效果验证、定期教评学和学评教、期末“三评”监测、教师听课反馈、督导检查反馈及学生调查反馈等工作。

同时，完善预警推送和统计分析功能，以便及时督促部门和人员按计划、保质量推进工作。根据这些监控数据和分析结果，提出诊改意见和措施要求，并在线上进行了对部门和人员的绩效考核。

这样的质量监控和绩效考核平台使得质量监控与考核性诊改工作具备了实时性、多样性、科学性。它不仅为教育教学质量保证提供了技术手段和科学保障，还能及时指导和促进诊改工作的有序推进。

搭建数据分析与决策支持平台，利用大数据和云计算技术对教学与管理活动进行数据挖掘、分析诊断，并进行智能预测和决策改进。该平台能为各部门和人员提供全面的校情数据统计与分析支持，涵盖教学、专业、课程、教师发展、学生成长等不同层次的信息。

这个数据分析与决策支持平台为决策者、管理者、教师和学生等角色提供了基于数据挖掘和大数据分析的决策辅助支持。通过常态化的分析决策和诊断改进活动，推动学院各部门和各层次的人员在办学形态、管理模式、工作方式与教学形态上发生根本性的转变。

因此，通过这个平台，能更科学地进行决策和改进，基于数据挖掘和大数据分析的结果来进行决策与制定未来的发展策略。这将推动学院在教学和管理方面的可持续发展，并不断提升教育质量和满足各方的需求。

二是建立全质量管理下信息化水平助力改进系统。为了加强质量保障工作改进系统的实施，提升信息化水平是非常必要的。各高职院校都致力于最大限度地利用现有的信息化数据平台，将改进系统中的信息使用与平台的能力使用相结合。

部分高职院校充分发挥人才培养状态数据平台在质量保障中的作用，将数据的使用做到最大化，使得数据与相应的工作紧密联系，确保数据的可用性。同时，加强了信息数据管理分析系统的建设和应用，强化了预警功能。根据各学校的具体情况，设定了最低的质量预警值。一旦任何数据或教师责任人触及这一最低值，就将被警告，并由学校提出相应的辅助提升办法。

通过这样的措施，能更好地管理和分析信息数据，并及时进行预警，以便根据需要采取相应的措施。同时，设定最低质量预警值能确保质量问题在早期被发现和解决，进一步提升质量保障工作的效果和质量。

建立院校内部工作信息数据分析管理系统，以便及时掌握和分析教育工作的状况，并实现动态分析、监测预警的功能。同时，依法依规发布社会关注的人才培养核心数据。

院校内部工作信息数据分析管理系统可以充分发挥信息化手段在教学质量监控体系建设中的作用，实现管理和数据分析的信息化。同时，它将积累相关的资料和数据，提高数据分析能力。能实时对教学质量的各项数据进行分析与研究，并以此为依据提出改进方法和措施，从而为提高教学质量提供科学的依据。

通过院校内部工作信息数据分析管理系统，能更好地了解教育工作的实际情况，并及时采取相应的措施。同时，发布人才培养核心数据也能增加社会的关注度，并提升学校的声誉和影响力。

三是建立双闭环控制下智能化校园。双闭环控制下智能化校园与人才培养工作状态数据管理系统的校本数据平台对接，利用数据平台提供的信息进行绩效考核管理、学生管理和监测预警等工作。通过双闭环控制下智能化校园，实现工作过程中信息数据的实时采集、及时分析、迅速反馈和立即更正的功能。

在构建信息化教学环境方面，着重关注教学全过程的各环节。建设教职工网上签到系统，以便更便捷地管理和记录教职工的签到情况。同时，建立学生的日常考勤系统和学生每课检测（每月汇总）系统，用于监控学生的考勤情况和学习表现。另外，建立学生评教系统，以便学生可以及时给予教师反馈和评价。

此外，建立学生活动管理系统、日常管理反馈系统和及时诊改等质量在线跟踪系统。这些系统将帮助高职院校更好地管理学生的活动和日常事务，并及时进行诊改工作，以提高教育质量。

通过以上的措施和系统建设，实现校园管理工作的信息化和数据化，更好地监测和管理教学质量，为师生提供更好的教学环境和服务。

同时，进一步挖掘平台数据，建立基于数据信息的运行管控制度，包括平台信息采集责任、审核管控和数据分析等方面。将完善校本数据平台在人才培养工作过程中的状态分析、监控、预警和激励功能。

智能系统能生成学院教育质量监测、专业建设监测、教师发展、学生成长等报告的关键性数据。这些数据来源于高职院校绩效管理考核数据平台的采集数据及高校整合统计的平台信息数据。把这些数据作为判断工作绩效的主要来源和分析依据，实现教育工作的数据常态化、动态即时化的全程管理。通过对问题进行诊断和预测偏差，可以确保人才培养质量持续不偏离设定的质量目标。

在改进系统的建设工作中，大多数高职院校都利用现有的校内技术手段进行了改进升级，以满足内部质量保障体系建设的需求。智慧化校园成为该部分建设的特色，通过设立一系列围绕教师与学生互动的线上活动，为数据平台收集资料提供帮助。

通过这些措施和技术手段的运用，将进一步提升管理和监控教育工作的能力，实现全面的数据驱动决策，并促进高职院校的持续发展和提高教育质量。

四、高职院校内部质量保障体系存在的问题

（一）内生动力不足

在高职院校内部质量保障体系建设的实践层面，许多高职院校存在积极性不高的问题，主要表现为内生动力不足。具体而言，一方面，高职院校对于自身质量保障的主体责任意识淡薄。自改革开放以来，我国职业教育的改革往往遵循着一条路径，即由国务院或教育部制定政策方针，然后由地方教育行政部门制定实施办法和细则，职业学校负责执行。因此，高职院校往往基于上级教育行政部门的政策和规划进行规章制度的制定，形成了对教育体制机制改革实践的依赖性。受此影响，高职院校在建设内部质量保障体系的过程中行动缓慢，缺乏积极创新和主动作为的主体责任意识，导致建设效率低下。

另一方面，虽然有部分高职院校逐渐形成自己的质量保障文化特色，但整体上而言，大部分高职院校普遍存在质量文化意识缺失的问题。在传统的高职教育管理制度体系中，高职院校内部质量考核主要由教育行政部门牵头完成，往往采用模板式的改革方式。在这种体制机制的引导下，高职教师和学生普遍缺乏自我质量保证的主体意识与责任感。他们的习惯、信念和行为规范与质量有关的方面明显存在不足，这最终导致了高职院校整体的质量文化意识缺失。

（二）标准不清、目标不明

虽然《高等职业院校内部质量保证体系诊断与改进指导方案（试行）》

（以下简称《指导方案》）是教育部颁布的针对高职院校内部质量保障体系建设的指导性文件，详细规定了高职院校各方面的质量保证诊断项目，包括高职专业、课程、师资、学生等内容。但是，问题在于，《指导方案》没有统一的质量诊断标准和目标，这在一定程度上导致了高职院校内部质量保障体系建设工作的无序和混乱。

具体而言，一方面，质量保障体系建设标准不清，项目指标设定缺乏科学性。为了落实《指导方案》中提出的质量保证诊断要求，高职院校需要在各质量保证项目下设定具体指标，作为内部质量考核和诊断的依据。然而，由于缺乏统一的标准和目标，这些指标的设定往往不够科学和系统化，不同学校之间的指标设定存在差异，难以进行有效的比较和评估。

另一方面，在缺乏统一标准指导的情况下，高职院校自行建设标准并设定指标，难免存在标准建设不科学、指标设定不合理的情况，这可能导致部分高职院校内部质量体系建设失效。另外，质量保障体系建设目标不明，也可能导致建设工作出现方向性偏差。《指导方案》明确了高职院校内部质量保证体系建设的三大目标任务，但这些目标都是宏观层面上的规定，只能作为原则性指导，参考意义大于实践指导意义。

由于《指导方案》中目标任务陈述的宏观性和模糊性，许多高职院校在内部质量保障体系建设过程中难以确立科学、清晰的中长期目标。因此，在实践中，高职院校只能不断尝试和探索，推进相关工作时很容易出现方向性偏差。

（三）多方参与不足

在教育“管办评分离”的背景下，高职院校应承担内部质量保障体系建设的主体责任，并积极调动行业企业的参与度，发挥其在监督和评估方面的主体作用。然而，目前，行业企业的参与度仍然较低。

具体而言，一方面，企业和用人单位的参与度相对较低。自 2014 年《国务院关于加快发展现代职业教育的决定》发布以来，我国高职教育产教融合和校企合作得到了国家的高度重视与大力推动，取得了巨大的经济和社会效益。然而，高职院校和行业企业之间的交流与合作主要集中在人才培养领域，而在学校教育质量保障方面的沟通相对较少。这导致高职院校在内部质量保障体系建设方面缺乏与行业企业联动的经验和方法，行业企业在人才质量评价中的参与度较低。

另一方面，行业组织的参与度相对较低。作为高职教育的直接利益相关主体和重要参与主体，行业组织应在高职院校内部质量保障体系建设中承担主体责任并发挥作用。然而，由于我国行业组织的发展还不够成熟，缺乏独立性和权威性，因此在高职院校内部质量保障体系建设上的作用有限。同时，高职院校的职业教育质量标准和人才质量标准的建设尚处于起步阶段，缺乏对行业组织的充分咨询意识和行动。这些因素的综合影响导致各类行业组织在质量保障体系建设中的参与度较低。

（四）组织架构不完善

《指导方案》颁布后，在教育部及地方各级教育行政部门的督促下，全国高职院校纷纷设立了教育质量监督管理部门，用于统一协调管理学校的质量保障体系建设工作。然而，经深入考察发现，大多数高职院校的教育质量监督管理部门在配置和规格上难以满足实际工作要求。

举例来说，部分高职院校虽然成立了教育质量监督管理部门，但这些部门仅仅是名义上的存在，实际上只是教务处或教学督导处的一个附属办公室，缺乏足够的领导和管理全校质量保障体系建设工作的能力；还有一些高职院校虽然设立了看似称职的教育质量监督管理部门，但该部门负责人的级别较低，赋予的职权也十分有限，导致即使该部门有意愿采取行动，也常常受制于级别和权限，难以发挥真正的作用。

此外，很多高职院校成立的教育质量监督管理组织机构也存在功能单一的问题。例如，部分质量监督管理部门的工作重点仅限于管理教学考勤，以此来考核教师的绩效和学生的成绩；又如，一些质量监督管理部门的主要工作只是编写印制并收集各类文档资料，以备上级教育行政部门的检查。

（五）信息化建设滞后

高职教育的现代化发展与信息化建设及质量保障体系建设是密不可分的。信息化建设为质量保障体系建设提供了必要的技术支持，而质量保障体系建设则为信息化建设提供了框架和规范，两者相互促进、相辅相成。

尽管我国高职教育领域的信息化建设经过多年的努力已经取得了显著成就，但仍存在一些高职院校信息化建设水平偏低的问题，主要集中在信息平台建设滞后方面，这也制约了内部质量保障体系建设的进展。

高职院校的信息平台是通过现代信息和数据管理技术来支持多个部门进行信息与资源共享，建立不同部门职能和业务协同的数字化网络环境。

目前，我国许多高职院校纷纷建立了行政办公、科研管理、学生工作管理、教务网络等信息化系统。然而，这些信息化系统大部分仅在各自的部门内部运作，缺乏统一的数据接口，导致形成了所谓的“信息孤岛”。这种情况对于高职院校内部质量保障体系的建设产生一定的阻碍。

建设高职院校内部质量保障体系时，对学校日常管理和教学数据信息的采集、监测与分析至关重要。然而，由于存在信息孤岛，不同部门的信息系统难以实现信息共享。当院校教育质量监督管理部门需要收集数据时，就必须与不同部门进行独立的协商和沟通，这导致很多与教育质量相关的信息和数据难以及时获取及利用。这不仅不利于学校发现问题和解决问题，还直接影响了高职院校内部质量保障体系建设的成效。

第四章

高职院校内部质量保障体系建设

第一节
基本原则

建立内部质量保障体系，应坚持目标性、系统性、全员参与、可操作性、持续性、个性化 6 项基本原则，在基本原则的指导下，具体实施对教育教学的质量保障工作，确保学校教育教学整体水平的不断提升。

一、目标性原则

目标性原则是构建内部质量保障体系的首要原则。学校内部质量保障体系建设必须聚焦“人才培养质量”总目标，将培养高质量人才作为内部质量保障体系建设的目标，将人才培养的质量保障作为学校发展的生命线以构建学校的质量保障目标体系，全面提升学校办学水平和人才培养质量。以北京财贸职业学院为例，为贯彻目标性原则，学校认真贯彻党对教育事业的全面领导，落实立德树人根本任务，以“扬长教育”为引领，树立学生自信、自立、自强的全新质量观，培养具有“家国情怀、职业素养、工匠精神”的高素质、复合型技术技能财贸人才。以建成“财贸特质、首都特色、国际知名”的新商科职业院校为目标，秉持“高质量、有特色、国际化”发展理念，强化引领、修炼内功、彰显品牌，为推动首都职业教育高质量发展贡献财贸智慧。在明确目标性原则的同时，学校应制定相应的评价反馈机制，以预防目标的偏离；在管理上，领导层、执行层、监督层，要层层落实、明确职责、落实责任、权责分明，确保达到学校的质量目标。

二、系统性原则

内部质量保障体系的建设是一项系统性工程，系统性就是站在全局的高度对影响内部质量保障的各要素和环境做出的规范与要求。因为涉及学校工作的方方面面，需要系统思维、全局谋划、整体推进，从整体性和综合性的客观要求出发进行设计。内部质量保障体系包括目标标准系统、组织管理系统、资源保障系统、质量监控系统、考核评价系统和信息反馈系统，涉及学校、专业、课程、师资、学生 5 个层面，各层级管理系统间相互依存、相互支持、相互制约，形成全要素网络化的内部质量保障体系。体系中的制度规范也应该是明确的、全面的，内部质量保障体系中的各项规章制度，不是孤立或简单叠加的，而应该是相互联系的并使各组成部分相互补充完善。例如，在人才培养质量保障过程中，树立人才培养的目标标准，建立健全质量保障系统和组织机构，全方位、多维度地制订质量保障人才培养方案，强化质量诊断与评价、监控与反馈和调控作用，形成有机统一的质量保障系统。以北京财贸职业学院为例，学校在内部质量保障体系建设过程中，形成了“三三一”的内部质量保障的实践做法，简单概括为“三支队伍”“三个环节”“一站服务”。“三支队伍”为学校领导干部、校院教学督导、学生信息员；“三个环节”为招生、教育教学、毕业，形成闭环；“一站服务”为“一站式”智慧服务平台，囊括生活、学习、人事、教学、信息化等各类事务，这些都保障了学校各项工作的高质量运行和发展。此外，坚持质量保障体系建设的系统性原则，必须做到内部质量保障和外部质量保障机制同步建设。

三、全员参与原则

现代质量管理的思想精髓就是全员参与性。强化全员质量意识、落实全员质量责任、提高全员质量能力是构建高等职业教育内部质量保障体系的根本原则。众多“质量相关者”会对最终的人才培养质量构成深刻影响，学校每位教职员工的工作质量都会不同程度、直接或间接影响办学质量，都对教育质量保障负有责任。因此，在构建自我评估和内部质量保障体系时，这些“质量相关者”应充分发挥能动作用，不仅是质量管理部门、教务部门，而且全校各职能部门、教辅部门、二级学院，全校各级领导、教职员工和学生都要共同配合、积极参与质量保障体系的构建。在学校质量保障体系的构建过程中，积极普及和提升全员质量意识，培育自觉、自省、自律、自查、自纠的质量文化氛围，形成全员、全过程、全方位育人局面，追求质量成为师生共同的价值取向。

四、可操作性原则

建立内部质量保障体系，体系内各项质量管理工作的评价、监控、监督的指标内容应该是简单明了、概念明确、易获取的，让质量保障体系内的各项指标具有明确性、简单性和可监测性的特点，可以实现可测、可比、可鉴定的效果。质量保障体系要充分考虑可操作性，确保监控体系主干清晰，重点突出，评价指标符合教育教学规律。要以教学状态数据为依据对教学质量进行有效的监测和控制。北京财贸职业学院质量保障体系的建立体现出了可操作性原则，可概括为“一平台、两规范、四维度、五张表”。学院建立了教学质量监控与评价平台（一平台），制定了教师课堂教学行为规范、学生课堂学习行为规范（两规范），学评教、督导专家评价、同行评价和教学规范得分评价（四维度），思政课、基础课、专业课、实践课及企业课课堂评价标准（五张表）。发挥平台的数据统计功能，完成客观性指标的数据采集；通过不断更新完善各类评价指标让主观性指标的评价更具可操作性，更符合教育教学发展的前沿趋势。总之，可操作性不仅体现在“定性”上，还体现在“定量”上，使得评估与诊断、监控与评价的结果既具有可操作性，又能充分体现真实客观、科学、有效的教育质量保障的内在要求。

五、持续性原则

学校内部质量保障体系的落脚点在于持续改进，促进教育教学质量的不断提升。通过内部质量保障体系对质量进行持续监测与控制，不断加强教学制度建设，建立教育教学质量提升机制，持续推进教育教学整体水平的提升。坚持持续性原则，就是要把握教学质量不断改进、持续发展的本质，建立能及时反映教学质量需求和质量发展变化过程的质量体系。将提高教学质量作为永恒的主题，持续不断地推进，形成教学质量持续发展的良性循环机制。北京财贸职业学院在内部质量保障方面实行“一期一评、一年一奖、三年一诊、四年一聘”，通过定期开展教学质量评价、周期性自我评估与诊断等持续提升教育教学质量。“一期一评”指每学期从4个维度进行一次教学质量评价；“一年一奖”指每学年奖励一次教学质量优秀奖；“三年一诊”指3年对专业（群）进行一次全面的评估与诊断，2021年，学校首次使用独创的“六度”专业（群）核心竞争力评价体系对校内所有专业做了评估，评估结果符合预期、效果良好；“四年一聘”指4年学校根据各类教职员工的工作计划进行考核，奖优罚劣，树勤除懒。

六、个性化原则

高职院校都具有自己的办学特点与办学品牌特色，在设计、构建学校的内部质量保障体系时，要根据自己学校的办学特点、发展的实际情况和人才培养质量的要求，有目的、有计划地构建符合本校办学特色的质量保障体系，体现本校质量保障体系的个性化特点，并根据形势的发展不断重构与修正。内部质量保障体系的个性化与学校的自主权紧密联系。学校有自主发展的决定权，自主选择实现发展目标的途径与方法；学校有自主的资源调配权，可以根据市场的供需关系，适时地自主选择专业设置和人才培养模式，对人力、物力与财力等资源进行自主地调配，以适应社会对人才培养质量的要求；学校可以建立自我约束机制，包括权力制衡机制、自我检查机制、质量评价机制、问责机制、管理服务机制、内部的竞争机制，以及教师的自我激励机制等。北京财贸职业学院作为财经类高职院校，学校的质量目标是建成“财贸特质、首都特色、国际知名”的新商科职业院校，培养具有“家国情怀、职业素养、工匠精神”的高素质、复合型技术技能财贸人才。根据学校的质量目标，建立学校的内部质量保障体系，在组织保障体系、制度保障体系、标准保障体系、工作保障体系及质量保障措施方面，包括在具体的微观层面，在内部质量保障体系的各层面、各环节中，都体现出符合学校人才培养质量和教育质量提高的特点与特色。

第二节
基本框架

学校是办学质量的直接责任主体、实施主体和评价主体，建立健全内部质量保障体系是切实提升办学水平、管理能力和教育教学质量的有效手段。内部质量保障体系是全面提高与保证人才培养质量的工作体系和运行机制。建立内部质量保障体系旨在进一步强化学校办学主体地位，激发学校的办学活力，提高人才培养质量和学校办学水平。随着“管办评分离”改革向纵深发展，高职教育迫切需要由原来依靠外部资源评价向以内生动力促使自己对自身工作进行诊断转变，建立以提升人才培养质量为中心的内生型质量管理体系，推进高职院校发展由“他治”走向“自治”。

此外,《教育部办公厅关于建立职业院校教学工作诊断与改进制度的通知》《高等职业院校内部质量保证体系诊断与改进指导方案(试行)》《关于全面推进职业院校教学工作诊断与改进制度建设的通知》等一系列文件的出台，为内部质量保障体系的建立和全面推进提供了指导方案，2016年，常州工程职业技术学院等27所院校进行了试点，建成了“五纵五横一平台”的内部质量保障体系的基本框架。纵横联动全覆盖的“8”字形质量改进螺旋是质量保障体系的基本单元，实施“前台+后台”的工作方式：前台负责目标—标准—设计—组织—实施(检测、预警、改进)，后台负责诊断激励—学习—创新—改进，前台要求在人才培养过程中的各项工作都要有事前设计建标、事中实时监控、事后诊断改进的完整过程，通过事后改进对事前的设计进行修正，实现螺旋上升。“五纵五横一平台”的内部质量保障体系的基本框架，被很多高职院校效仿采用，被普遍认为是目前内部质量保障体系建设的通用框架。

北京财贸职业学院在发展过程中认识到质量保障体系的建设对学校教育事业的发展意义重大。2017年7月，学校将教学督导与评价的职能从教务处分离出来，成立教学督导与评价中心。2021年3月，学校强调质量管理的重要性，在教学督导与评价中心的基础上，调整部门职责和岗位标准，成立质量管理办公室，全面负责质量保障体系的建设和运行工作，积极构建学校基于“扬长教育”理念的质量保障体系。该体系坚持“以学生为本”，以促进学生发展为目标，以学生学习成果为导向，整合教育教学运行各环节，采用科学方法评估、保障学校的教育教学质量。该体系在学校教育教学大环境的涵养下成长起来，又为学校教育事业的发展保驾护航。学校内部质量保障体系建立的逻辑脉络是：根据国家、行业区域经济社会及学生需求—形成内部质量目标—找准质量关键控制点—建立质量基本标准—配置质量保障资源—把握质量生成过程—收集质量生成信息—实施质量评价—反馈评价结果—改进与提高质量。内部质量保障体系必须具备6个要素，包括机构与人员、目标与标准、制度与执行、资源与配置、监测与评价、反馈与改进。内部质量保障体系由质量目标与标准系统、组织管理系统、资源保障系统、质量监测与评价系统、质量反馈与改进系统五大系统组成。各系统的监测数据主要通过口头或书面、教学工作例会、学生工作例会、中层干部会、督导简报、平台反馈和信息反馈表等形式，反馈到质量责任相关部门和人员，促使质量责任人在工作中不断改进，切实提高教学质量。

质量目标与标准系统是内部质量保障体系中各系统运行实施的基本依据，是评判各项工作的基本标准和指向标，为内部质量保障体系建设提供原动力，质量目标设定是高职院校内部质量保障体系运行的逻辑起点，主要体现了质量主体要达到的要求或标准，直接指向质量治理的结果，是内部质量保障体系顺利运行的基础和前提。学校目标的制定与学校办学定位、专业设置、师资结构，以及文化传承等因素密切相关，具有典型的发展性和动态性。总体发展目标的顶层设计要以学校的发展总规划为出发点，以提升人才培养质量、实现学校高质量发展为落脚点。以北京财贸职业学院为例，内部质量保障体系建设的总目标是《北京财贸职业学院"十四五"时期发展规划（2021—2025 年）》，以总目标为统领，分解为人才培养、专业（群）建设、师资队伍建设、科技创新、社会服务等多方面、多层级的目标规划体系。标准是质量目标的具体表现，是衡量目标达成的底线和质量建成成效的标尺，从学校、专业、课程、师资、学生 5 个层面建立质量目标和标准。质量标准包括学校层面的标准体系，即专业建设质量标准、课程建设标准、教学环节质量标准、师资建设质量标准、学生发展标准等，质量标准制定遵循 SMART 原则，即具体的（S）、可衡量的（M）、可达成的（A）、注重结果的（R）、一定时限的（T）。

组织管理系统是内部质量保障体系实施运行的保障。学校实行教学质量监控与教学运行管理既相互分离又交互联动的质量保障机制。组织管理系统以质量管理办公室、教务处和各二级学院为主体，其他职能部门协同配合。

在组织管理系统中，学校设立教学督导委员会，负责统筹、协调、指导全校的教学督导工作，教学督导委员会下设教学督导办公室，具体负责教学督导日常工作。由校级督导专家组、二级学院教学督导专家组、校内兼职督导人员，在教学督导办公室组织下开展教学督导工作。

资源保障系统是内部质量保障体系的资源保障与配置系统，是质量保障体系实施运行的关键。资源保障系统包括制度保障、师资保障、经费保障和后勤保障等。制度保障主要保障教学质量的责任性制度、质量考核评比等奖罚性制度，以及在教学实施过程中的教学行为规范、教学检查、教学质量评价等程序化制度。师资保障的目标和标准是建设师德高尚、业务精湛、结构合理、充满活力、具有创新和竞争意识的新商科专业师资队伍。构建基于教师专业化发展的培训体系，建立分层次、多平台、多形式、立体式的培训网络，产教融合、校企合作共建“双师型”师资队伍，构建以业绩贡献和能力水平为导向的绩效改革新制度，完善教师发展激励与考核机制。经费保障是为保障教学质量提升提供的经费支持，保证经费足额投入、合理使用。后勤保障是为内部质量保障体系的实施运行提供人财物支持，包括网络信息化资源的配置、实训室教学环境的配置等。

质量监测与评价系统是质量保障体系运行的着力点。建立日常监督、常规检查、专项检查、实时反馈和分析评价的质量监督机制，校院两级教学督导、质量管理人员作为教学质量监测的主体，进行常规教学检查、课堂教学质量监测、实践教学质量监测，对监测情况进行教学质量分析，包括教学工作常态监测质量诊断、学情分析、教学满意度分析，会同相关部门前移至生源质量分析，延后至毕业就业情况调查分析、毕业生发展跟踪调查分析、毕业生社会满意度调查分析等。实行全过程、多主体的教学评价体系，评价方包括所有学生（期中、期末、随堂评价、日常反馈）、学生信息员（日常评价和反馈）、教师（同行相互听课评价）、督导（日常听课评价、专项听课评价）、领导（随机听课），实现全过程、多主体的教学评价。

质量反馈与改进系统是内部质量保障体系的落脚点。学校内部质量保障体系不仅仅是通过监测发现问题、反馈问题，其最终目的是持续改进，提升教育教学质量，通过内部质量保障体系监控、评价、反馈、改进系统修正目标和标准系统，形成闭环，达到这个目的。持续改进是一个循环反复、螺旋提升的过程。学校根据分析诊断的问题对标寻找差距，持续改进教育教学质量。

教学质量监测评价结果的反馈方式有两种：一种是由监督检查的二级学院日常监控信息及时反馈、及时解决改进；另一种是质量管理办公室将监控评价信息及时分析、及时反馈，包括针对二级学院层面（或当事人）的反馈，可以在教学工作例会反馈，也可以进行现场反馈或信息系统反馈；对于相关职能部门或教辅部门等需要改进的问题，通过《督导简报》等在 OA 系统反馈，也可以书面或口头形式单独进行反馈。

质量改进是通过制定问题纠正措施、预防措施，进行持续改进。对于一般性问题，进行自我改进；对于比较复杂的问题，由相关部门和人员联动改进；对于严重的问题由学校分管领导协调，督促推进。质量改进结果核验工作由质量管理办公室跟踪检验反馈问题的整改措施是否落实，反馈问题的改进结果是否达到要求，等等，力求形成闭环管理。

因此，内部质量保障体系框架的建立要把握：目标和标准制定是质量保障体系建设的前提，条件和政策保障是质量保障体系建设的基础，过程管理是质量保障体系的重点，系统、周期性自我评估制度是质量保障体系的关键，反馈、调节、改进是质量保障体系的落脚点。

第三节
基本内容

内部质量保障体系框架的建立和实施必须以全员参与、全过程保障、全方位监控为原则，以师生发展为根本、以质量文化为内驱、以学校的内涵提升为目的，通过查找自身问题推动学校螺旋式改进，在学校、专业、课程、教师、学生层面建立上下联动、有机互补、循环闭合、持续改进等机制，形成具有预警功能和激励作用的运行体系。内部质量保障体系的本质就是构建一个在教学质量上自我约束、自我激励、自我改进、自我发展，从而保证人才培养质量的有效运行机制。通过建立自发的质量管理机制，保证学校有连续、稳定、高水平的质量输出，强调质量主体的“自我诊断与改进”，突出质量生成主体自主管控、自主保证及运行机制的“主体性”“发展性”和“常态化”，促进学校治理体系和治理能力现代化水平的提升。

学校内部质量保障体系的建立和完善，不单单是质量管理办公室、教务处等职能部门的工作，也是全校师生共同参与的工作；不是外部考核要求下要做的被动功课，而是院校自身不断发展和进取的永恒需求。

在内部质量保障体系的建设过程中，学校根据国家和社会需要，结合学校的办学特点和办学特色，合理确定培养目标，制定质量标准。强化人才培养的中心地位，强调学校是人才培养质量的责任主体，增强质量主体意识，建立健全质量保障体系，提升质量保障能力，注重过程的改进和内涵的提升，建立质量保障的长效机制，促进教育教学质量的持续提高。

一、质量目标与标准

（一）质量目标

《北京财贸职业学院“十四五”时期发展规划（2021—2025 年）》确定了学校发展的总目标：“到 2025 年，积极推进高水平技能型大学建设，建成‘财贸特质、首都特色、国际知名’的新商科职业院校。力争举办职业教育本科。为国家现代服务业发展提供具有‘中国服务’标准的职业教育‘北京模式’，为世界职业教育新商科建设贡献‘北京方案’。到 2035 年，实现‘中国服务’精品商学院建设目标，为形成新商科职业教育的‘中国模式’做出突出贡献。”以总目标为统领，分解为人才培养、专业（群）建设、师资队伍建设、科技创新、社会服务、国际交流与合作 6 个方面的具体目标，包括质量目标和数量目标，引领学校高质量发展。

学校的人才培养目标是培养具有“家国情怀、职业素养、工匠精神”的高素质、复合型技术技能财贸人才。学校在专业人才培养方案中都明确学校开设的各专业的人才培养目标。在最新的《2023 年版高职专业人才培养方案》中，包含学校 26 个专业的人才培养方案，以大数据会计专业为例，本专业的人才培养目标是培养理想信念坚定，德智体美劳全面发展，具有一定的科学文化水平，良好的人文素养、科学素养、职业道德和创新意识，具备“家国情怀、职业素养、工匠精神”和诚信为本的立信职业精神，较强的就业创业能力和可持续发展的能力，掌握本专业知识和技术技能，面向会计、审计及税务服务行业的会计类岗位群，能从事企业会计核算、企业内部会计控制、企业财务大数据分析、企业会计信息管理及税务管理等工作的创新型、复合型、高素质技术技能人才。

除了学校发展目标、专业人才培养目标外，还有教育教学目标，包括课程、第二课堂、社团、创新创业等。课程包括公共基础、专业（技能）、专业（群）进阶、扬长教育进阶，四类课程中的每门课程都有明确的课程知识目标、能力目标和素养目标等。学校坚持立德树人、五育并举，坚持扬长教育理念，促进学生综合素养全面发展，打造双创教育升级版，不断提升学生的双创实践能力。

（二）质量标准

质量标准是衡量目标达成的底线和质量建设成效的标尺，也是监控和评价的依据。质量标准制定遵循 SMART 原则。内部质量保证体系从学校、专业、课程、师资、学生 5 个层面建立质量标准。质量标准包括学校层面的标准体系，即专业质量标准、课程质量标准、教学环节质量标准、师资建设质量标准、学生发展标准等。

1. 专业质量标准

北京财贸职业学院持续开展现代服务人才需求调研，聚焦城市副中心高端商务、金融服务和文化旅游等产业数字化发展新趋势，对标新兴产业中出现的新技术、新职业、新岗位，动态调整专业布局，建成契合北京现代服务业高端发展，服务城市副中心技术技能人才需求的专业结构体系。

2019—2023 年，新增专业 6 个：人物形象（形象管理）（2019 年）、会计信息管理（2020 年）、跨境电子商务（2020 年）、人工智能技术应用（2021 年）、供应链运营（2022 年）、大数据与财务管理（2023 年）。

（1）“六度”专业核心竞争力评估。学校重视持续改进的核心理念，为建设持续改进的专业建设工作机制，学校高度重视专业层面的质量保证体系建设。学校参照《北京财贸职业学院专业设置与调整管理办法（试行）》开展“六度”专业核心竞争力评估工作，“六度”包括“产业契合度、技术跟随度、城教融合度、校企协同度、国际对接度、利益方满意度”等 6 个维度。6 个一级指标下设 31 个二级指标。专业核心竞争力评估指标体系是学校的创新成果。学校建立“每年一次人才需求调研、三年一轮专业建设评估”的“动态调整”专业（群）管理机制；以“自评”为抓手，通过专业自评、专家评审、第三方评估方式进行评估，评估工作经过专业自评—专家初审—集体整改—专家评审 4 个阶段，最终形成报告。评估工作坚持动态调整、持续优化原则，按照对接产业、动态调整、自我完善的专业（群）建设发展要求，以专业群核心竞争力评估为突破，构建“对接产业”的专业群评估体系，建立三年一轮全面评估的管理规范，通过红黄预警机制，培优汰劣、动态调整，保障学校的专业规模适度、专业结构合理、专业（群）可持续发展。

学校创新设立战略定位指标，从区域发展战略契合度、人才培养面向高端性、战略合作项目示范性和学校发展战略贡献度等维度将新要求落到实处，实现人才培养供给侧和产业需求侧结构要素全方位融合。“六度”标准打破常规办学评估逻辑体系，纳入学科建设职教本科要素，强调基层党组织战斗力，注重立德树人、技术赋能、文化赋能，突出毕业生高端就业力、资源市场化整合力等关键能力，为高质量人才培养提供保障。2022 年，通过对全校 25 个专业、五大专业群进行评估，专业整体表现良好，评出 A 档专业 3 个、B 档专业 14 个、C 档专业 4 个、D 档专业 4 个。通过评估、诊断、鉴定、改进，促进专业（群）自我更新、自我优化、自我完善。

（2）UK NARIC（英国国家学历学位评估认证中心）国际专业评估认证。专业认证是保障和提高专业人才培养质量的有效手段。学校通过了 UK NARIC 国际专业评估认证。学校紧跟行业发展前沿，对接 UK NARIC 建立会计和金融管理专业的国际标准，并获得国际可比性证书，达到英国资历框架（RQF）5 级和欧洲资历框架（EQF）5 级水平。UK NARIC 得出的结论是：通过对招生录取、专业设置、教与学、考核评价、信息公开等项目的评估，认为学校层面的内部质量保障体系达到了国际标准。

认证工作是以问题为导向，推进评估整改工作的开展。UK NARIC 国际专业评估认证专家组根据参照的国际资历框架等级标准和质量标准，对学校提交的专业核心要素和质量管理规章制度文件进行系统审查与评价，提出学校可以改进的领域和主要问题。归纳评估认证过程中，UK NARIC专家组向学校反馈的主要问题包括学习成果描述的具体化、可行性、可测量性不足；专业学习成果与课程学习成果的对应关系不清晰，专业课程的阶段性学习成果界定不清晰，学习成果的进阶性体现不充分；课程的考核方式与学习成果的对应关系不明显，考核的有效性与可靠性不足；学生高阶能力学习成果（如分析、评价、反思的能力）的培养与考核不足；考核方案缺少基于学习成果达成度的评分标准和成绩等级说明；形成性评价得分计入课程成绩，未区分形成性评价与总结性评价的作用；学校层面质量保障制度文件缺少系统设计和信息整合。

学校认为，UK NARIC 专家组反馈的上述问题，客观反映了学校在专业教学实践和质量管理等方面存在的薄弱环节。学校在评估整改的过程中，根据 UK NARIC 国际专业评估认证专家组反馈的意见，参考 RQF 5 级的能力标准，以学习成果为核心，构建参评专业学习成果，围绕如何实现学习成果进行专业课程设置，围绕如何衡量预期学习成果开展考核评价，审查、优化学校专业人才培养方案与考核方案，绘制专业层面学习成果与课程学习成果的映射表，完善课程考核方案和评分标准通过评估认证，以具体的专业为载体，学校完善了以学习成果为核心和主线的专业标准体系。

通过国际专业评估认证，提升了学校高质量内涵式发展水平，学校形成了国际认证思维，建设了一支具有国际视野的教学与管理队伍，构建了以学习成果为核心的专业标准体系，构建了以学生为中心的质量保障体系，形成了对接国际标准的高素质技术技能人才培养方案。健全了学校内部质量保障体系，学校根据 UK NARIC 国际专业评估认证专家组的意见、建议，以学生发展为中心，审查、优化学校专业质量标准重点领域的管理制度、程序方法，从大学招生录取、专业设置和审查、教与学、监控与评价、考核管理、信息分析、附录共 7 部分编制了学校质量保障手册。

2. 课程质量标准

课程标准是学校落实党和国家关于技术技能人才培养总体要求，规范课程设置与规范教学行为的纲领性文件，也是课堂教学实施、师资队伍建设、教材建设、教学资源开发、设施设备配备、教学督导评价的依据。为提高课程标准的科学性、先进性和指导性，落实新版专业目录下专业升级改造精神，完善新版专业人才培养方案“两平台、一核心、双进阶”财贸特色课程体系建设，在深入调查研究的基础上，北京财贸职业学院参照教育部课程标准基本框架、北京市教委编写的《北京市职业院校教学管理通则》的课程标准框架等对比研究，综合制定2021版课程标准模板。这一课程标准模板遵循学生认知规律和技术技能人才成长规律，突出教学评价和学生学习成果导向，实现了职业分析内容向教学内容的转化。此外，北京财贸职业学院还系统设计了“课程内容与要求”“课程思政系统化设计”“课程能力点与技能大赛赛点、X证书考点对应”“课程考核与评价”等内容，体现产业发展新趋势、新业态、新模式，进行专业升级和数字化改造。结合专业特点、课程特点，做好课程思政的系统设计，有机融入劳模精神、劳动精神、工匠精神等育人新要求，实现润物无声的育人效果。配套课程标准修订工作，同步启动了课程名片编制、专业简介编写、学习地图网站开发等相关系列工作，同步分别编写课程名片模板及编写说明、专业简介模板及编写说明，并将课程名片、专业简介等相关成果通过学习地图网站面向社会开放。课程标准的修订将人才培养方案对本课程的内容与要求、职业岗位对职业人的能力要求向课程内容与要求转化，对1039门课程的课程标准进行了全面修订。

学校在课程教学环节也设置了教学环节质量标准，课堂教学质量标准、实践教学质量标准、课程考核标准、毕业设计质量标准等，还有教材建设质量标准、实习实训基地建设标准等。在课程质量标准中，强调落实以“两性一度”（高阶性、创新性，挑战度）为核心的一流课程标准，建成“金课”，杜绝“水课”。

二、组织管理

学校实行教学质量监控与教学运行管理既相互分离又交互联动的质量保障机制。组织管理系统以质量管理办公室、教务处和各二级学院为主体，其他职能部门协同配合。质量管理办公室负责学校质量管理工作的组织体系构建、工作运行和队伍管理等方面，建立学校教学质量监控工作体系和教学主要环节的质量标准，形成教学质量监控网络；对教学工作定期开展常态监测、过程评价、质量分析、信息反馈，并督促相关主管部门和二级学院整改提高。教务处和各二级学院是教学组织、实施与运行管理的主体，教务处制定并执行学校教学管理规章制度，研究并制订专业（群）建设规划，指导专业设置与调整，组织制订专业人才培养方案、课程标准和其他教学标准，负责统筹教材建设与管理工作，组织教学运行管理，指导各二级学院、系和教研室的教研活动等。各二级学院负责本学院专业建设和评估工作，开展人才培养方案制订、课程标准建设、教材编写等各项教学基本建设工作，进行教学任务安排、课堂教学与实训教学组织等日常教学运行管理，维护正常教学秩序；开展日常教学质量监控与评价工作，负责教学信息采集、整理、核实和上报工作，接受质量管理办公室的质量反馈并落实及持续改进。

在组织管理系统中，学校设立教学督导委员会，负责统筹、协调、指导全校的教学督导工作，由分管教学的副校长主管，委员会主任由分管教学的副校长担任，委员由教学质量管理办公室、教务处、各二级学院等部门负责人担任。教学督导委员会下设教学督导办公室，教学督导办公室设在质量管理办公室，具体负责教学督导日常工作。教学督导由校级督导专家组、二级学院教学督导专家组、校内兼职督导人员完成。教学督导专家人选由教学督导办公室和二级学院推荐，教学督导委员会审核通过后聘任，并组建教学督导专家库，在教学督导办公室组织下开展教学督导工作。校内兼职督导人员是指根据学校听课制度的规定，学校领导、职能部门领导、教辅部门领导、二级学院党总支书记、院长每学期都要进课堂听课，发挥督导作用。

教学督导委员会、教学督导办公室、教学督导主要职责明确。教学督导委员会负责审议年度教学督导工作计划，并组织实施教学督导、教学质量监控相关工作；审议每学年教学督导聘任人员，组建教学督导专家库；指导完善教学监控、教学质量评价指标体系，做到“监督、检查、评估、指导”教学质量常态监测；加强教学督导队伍建设和管理，在做好“督”的同时强化“导”的意识，提升教学水平；审议并指导教学督导的重要工作、重点事项。教学督导办公室负责制定和完善教学督导工作相关文件制度；制订学校教学督导工作计划并组织实施；定期召开教学督导工作研讨会，收集、整理、汇总教学督导信息，总结经验、发现问题、研究改进举措；反馈教学督导工作信息，听取教学工作有关意见，督促提高教学质量。教学督导负责课堂教学质量的督导与评价、专项教学检查与调研、专项教学研究工作，配合学校建立健全教学质量评价体系，推进教学质量评价改革。

三、资源保障

（一）制度保障

制度保障主要是保障教学质量的责任性制度、质量考核评比等奖罚性制度，以及在教学实施过程中的教学行为规范、教学检查、教学质量评价等程序化制度。

对于教师教学管理制度，学校制定教学工作规范，就专任教师的职业道德规范、授课资格认定、教学过程行为规范、课程建设与教学研究、教学纪律、奖惩等内容进行规定；学校制定《北京财贸职业学院外聘教师管理办法》和《北京财贸职业学院校内兼课教师管理办法》，就聘用对象、聘用原则、聘用条件、聘用程序、教师管理、工作量计算与酬金发放等内容进行规定。

对于师生课堂行为规范，学校制定《北京财贸职业学院教师课堂教学行为规范》和《北京财贸职业学院学生课堂行为规范》，对教师和学生的课堂行为进行规范。

对于课堂教学监督与评价制度，学校制定《北京财贸职业学院院系二级教学督导试行办法》《北京财贸职业学院高职教育课堂教学质量监控与评价办法》，就课堂教学质量监控系统的构成、院级课堂教学质量监控系统的工作职责、系部课堂教学质量监控系统的工作职责、课堂教学质量监控系统的监控措施、教师课堂教学质量评价办法等内容进行规定。

对于教学质量奖惩制度，学校制定《北京财贸职业学院教学质量优秀奖评选办法》，就评选原则、评选时间、评选对象、评选资格、评选流程、奖励等内容进行规定。《北京财贸职业学院教学质量评价办法》包括评价目的、评价原则、评价对象、评价指标、评价组织、评价方法、评价结果的统计与应用、申诉与复议等内容。

此外，学校抓住制度体系建设五大核心要素，把控 14 个关键环节。学校重点在专业建设、教学运行管理、学籍管理、三教改革、实践教学管理、招生管理、项目管理 7 个方面制定或修订了教学管理制度 30 多项。结合学校的教学管理实际，对考试管理制度建设进行了强化。修订《北京财贸职业学院高职考试管理办法》，要求每门课程都有课程考核方案、基于学习成果达成度的打分标准和成绩等级说明，以及形成性考核和终结性考核合理比较；在成绩评定与管理上，制定了《北京财贸职业学院成绩评定与管理办法》，建立成绩等级对应标准。依据考核方式的不同，学生成绩可以选择百分制、五级制等形式记录。课程的成绩录入一般采用百分制，百分制学生成绩单是学生学籍成绩呈现的主要方式。学生修读课程的成绩达到 60 分及以上（百分制），及格以上（等级制），视为通过该课程并获得相应课程学分。此外，对顶岗实习与毕业设计管理制度建设进行强化。毕业设计要体现高阶的思维和能力，目标可测量。学校修订了《北京财贸职业学院毕业设计任务书》，对毕业设计目标（学习成果）进行梳理、凝练，提升了毕业设计学术性要求。

（二）师资保障

师资保障的目标和标准是建设师德高尚、业务精湛、结构合理、充满活力、具有创新和竞争意识的新商科专业师资队伍。

学校制订并推进实施学校师德师风建设规划，指导、检查及评估二级单位师德师风建设工作，督促二级单位将师德考核贯穿于教育教学、科学研究和社会服务的全过程。建立健全师德师风建设长效机制，增强教师教书育人的责任担当，制定教师职业道德标准，实施师德考核。在内部质量保障体系的评价系统中，对教师的师德评价、教学、科研、社会服务等都有具体明确的评价量化标准。《北京财贸职业学院教师师德考核评价量化标准》文件中明确师德考核评价量化标准，从评价内容、评价要素、一票否决、扣分点、初评得分 5 个方面进行设计。评价内容（坚定政治方向、自觉爱国守法、传播优秀文化、潜心教书育人、关心爱护学生、坚持言行雅正、尊重学术规范、秉承公平诚信、坚守廉洁自律、积极奉献社会 10 个方面）细化为 22 个评价要素，明确一票否决的情形和扣分点，其中，个人自评占 30%，学生测评占 20%，支部评议占 20%，总支评议占 30%，合计 100%。

学校构建基于教师专业化发展的培训体系，建立分层次、多平台、多形式、立体式的培训网络，产教融合、校企合作共建“双师型”师资队伍。学校通过实施“双工程”，赋能教师可持续发展实施“折子工程”“苗圃工程”双工程，对于“初出茅庐型”教师，通过“折子工程”采取必选的培训方式，涵盖师德师风、教学能力、课程思政、企业实践等培训内容，全面提升教师教育教学能力。通过“折子工程”培训出的优秀人才，选拔至“苗圃工程”进行重点培育。对于骨干教师，通过“苗圃工程”采取必选和自选相结合的方式，提供职教理论和教科研能力、校内外进修等高阶培养；对于团队领军人物如教学名师、专业带头人、创新团队等，采取定制工程，聚焦标志性成果、团队建设和示范引领作用的强化培育。学校多措并举着力提高教师企业实践能力，为规范推进教师企业实践工作，颁布《北京财贸职业学院教师企业实践管理办法》，明确规定了教师企业实践的内容和形式、参加企业实践人员的范围和要求等内容。深入推进该办法的贯彻执行，提升教师企业实践工作的质量。通过提供优质培训资源、专项经费支持等方式，提升“双师型”教师比例。逐步打造高水平师资队伍、高水平教学团队和高层次人才引进计划，打造教师发展中心工作平台，从专业实践能力、社会服务能力、基于现代教育技术的教育教学能力 3 个维度提升教师的能力。学校优化师资队伍结构，包括引进企业人员进校从教，建立大师工作室等。

构建以业绩贡献和能力水平为导向的绩效改革新制度，完善教师发展激励与考核机制。随着现代职教理念、教学质量观和教育教学形式的变化，教师教学质量的评价模式、评价标准和评价方式也需要经过不断分析研究与完善改进。为此，学校积极探索分类评价，将教师分为教学为主型、科研为主型、教学科研型三类，根据不同类型确定不同比例的教学和科研工作量。每个聘期对不同职称、不同等级的教师根据岗位基本职责和业绩要求进行考核，业绩要求包括教学类业绩和科学研究业绩、产学研业绩等。

学校进行师资保障监测和评价。根据不同课程的性质和特殊性，按公共基础课程、专业课程、思政课程分别制定质量考核标准，将师德师风作为考核教学质量的第一标准。《北京财贸职业学院教学质量评价办法》中规定，学生评教、教学督导专家评价、教师同行评价和教学规范评价，高职学段各部分的权重分别为 60%、20%、10%、10%。教学质量评价在本二级学院中排名前 15% 的校内专任教师，经审核确认后，学校授予“教学质量优秀奖”荣誉称号，教学质量优秀奖将作为教师职称评定、聘任及各项评优、评奖的重要依据。教学质量评价在本部门及二级学院后2% 的教师予以试岗，由部门及二级学院为其安排导师进行教学帮助和辅导，制订适应该教师的发展计划并安排进修、学习项目，以促进其教学质量的提高。新聘期内连续 3 年教学质量评价后 2% 的教师，调离教师专业技术岗位。

总之，师资保障在内部质量保障体系中居于非常重要的地位。教师既是质量保障的客体，也是质量保障的主体。教师既要接受教学质量的检查和监督，也要参与教学质量管理，保障课程教学和人才培养质量。教师的双重角色决定了他们在质量保障体系中的特殊地位。必须提高在质量保障过程中起关键作用的教师主动参与质量保障的积极性。

（三）经费保障

经费保障是指建立内部质量保障体系、提升教育教学质量提供的经费支持，保证经费足额投入、合理使用。经费保障学校教学基本设施投入，建立和完善教学基本设施投入保障机制，确保教学行政用房达标，各类功能的教室齐备，运动场所、体育设施满足人才培养需要，实训设备完善，实训室教学环境的配置设施先进、利用率高，实训基地充足、稳定，图书馆馆藏资源丰富、管理先进、服务到位、配置网络信息化资源。为学校招生录取、学生发展、创新创业、专业建设、课程建设、三教改革、师资队伍建设等提供充足的经费保障。

例如，学校立信会计学院、金融学院拥有优良的实践教学环境，拥有财务共享体验中心、会计文化学习中心、智慧金融体验中心、银行专项技能实训室和投资技能专项实训室、金融管理实训室、证券与期货实训室、银行技能大赛训练室、国际金融实训室、投资与理财实训室和互联网金融实训室等，学校丰富的校内实训室资源能很好地支撑专业教学。另外，学校建立了多家校外实习实训基地，为学生提供了专业相关业务技能实训实习的平台。学校还将教学智慧会计工厂等企业真实业务引入校园，实现真账实操等企业真实业务训练。中央财政重点支持的产教融合共享型实训基地初步建成，智能财税社会共享服务中心、财务机器人应用中心、财务大数据应用中心等实训室正在建设，引领会计等专业升级转型。

学校图书馆配备了丰富的数据库资源，如百度文库、超星电子书、职业全能培训库、中国经济信息网、道琼斯财经资讯教育平台、中国知识资源总库等。学生通过丰富的文献资源，可以实现在线浏览图书，查看相关期刊、博硕士学位论文库、技能培训视频等。

总之，学校的教学设施和教学资源，如教室、实训室、图书馆、信息技术、学习技术、技术装备的情况能支撑学校专业人才培养目标的实现。

（四）信息化建设保障

1. 建成“一站式”服务智慧平台

学校建成了“一站式”服务智慧平台，共上线业务流程 98 个，师生基本可以实现线上办理各项业务，随时随地关注学校对外发布的新闻、对内发布的通知。各待办事项、邮件等通过企业微信、学校短信平台都可以及时推送，确保工作顺畅。学校还建成了一体化掌上管理平台——微校园，上线自助迎新、人脸识别、就业服务、工资查询、场地预约等应用 48 个。人脸识别技术广泛应用，进出校园、宿舍、图书馆、会议楼等关键场所实现了刷卡、刷脸、测温、轨迹追踪，为校园安全管控提供了第一手数据，为重大会议严肃会风会纪提供了技术支持。新建统一身份认证系统，更新了 OA、预算项目库、高级财务管理、综合教务管理、科研综合服务平台、人脸识别、数字图书馆等应用系统，并完成了与新建统一身份认证系统的数据集成。新建了数据中心，将人事、教学、科研等各类基础数据，集中于数据中心，基本实现了“一数一源”。保障了数据的真实性、准确性、合规性、一致性，形成了数据溯源图谱。为数据共享对接、消除信息孤岛奠定基础。

2. 建设“财贸在线”智慧教学平台，促进了课堂教学改革

“财贸在线”是学校自建的智慧教学平台，平台满足了教学资源平台、教学管理平台、课程直播平台，以及签到、交作业、考试、弹幕等各种线上教学互动要求。累计访问量达7000多万人次，教师开设课程2100多门，资源总数12万多个。引进了“智慧职教云平台”，双平台优势互补，创造了智慧学习基础条件，支撑了“智慧课堂”“网络课堂”“企业课堂”3个课堂的线上教学活动。推动线上教学资源建设和教学改革，加强优质课程资源的应用与共享。学校在线开放课程总数达到42门，同时，启动了智慧财经专业群、现代商旅服务专业群两个双高专业群教学资源库项目建设。大规模线上教学的开展推动了学校混合式教学改革进程，截至目前，学校累计有75门课程、168名教师进行了线上线下混合式教学改革，惠及381个班次，广大教师和学生在教与学的新模式中获得了更大的自主空间，充分释放了课堂的创造力，提升了教学质量。

3. 优化智慧校园基础环境，提升了校园网络边界防御能力

优化改造了现有网络基础设施，实现了校本部、朝阳、东城和涿州四校区校园网络物理联通、万兆高速互联，四校区互联网在校本部实现了统一出口。校本部办公楼、教学楼、实训楼等核心楼宇全部更新为六类布线系统，更换了接入层、汇聚层交换机，优化了网络结构，实现了主干链路万兆传输、用户桌面千兆传输的高速、高可靠的校园网络。部署了下一代防火墙，为满足习近平总书记提出的“没有网络安全就没有国家安全”的新要求，提供了最基本的安全保障，提升了校园网络边界防御能力。依据《中华人民共和国网络安全法》和《信息安全技术　网络安全等级保护基本要求》，经梳理整合，8个系统通过二级等保测评。上百间普通教室为一级智慧教室，打造以学生为中心的智慧学习环境，推进教学改革，支撑了“三个课堂”的线下教学活动，深化了校企合作。

4. 学校信息化教学资源丰富

学校信息化教学资源包括电子教室系统、录播系统、远程互动系统等

基础环境教学资源；国家级专业教学资源库、在线课程、财贸在线上的各类媒体和应用类型的互联网教学资源，如文本类、视频类、课程标准、教学录像、教学动画、习题作业、技能竞赛、职业认证等；雨课堂、云课堂、智慧职教等 App 教学资源，以及学校图书馆提供全球案例发现系统数据库、IT 技能数据库等教学资源。丰富的信息化教学资源为专业课程教学提供了支持，教师和学生可以利用教学资源进行课前任务的布置与预习，课中学习资料的发布与学习。

另外，学校建设了国家级专业教学资源库，如《银行产品》资源库包括课程标准、习题库、业务平台等九类课程要素，全面支撑专业课程教学素材选择与学生在线自主学习的需要。主持建设了国家级精品资源共享课，如“商业银行综合柜员岗位实训”，在线课程构建了教学资源、交流区、实训区和评价考核区，在“爱课程平台”上，教师能实施多元化交互式教学，学生利用教学课件、教学视频进行课堂学习，在交互式平台上与教师或其他学习者及时进行交流。系统还能记录学生的学习情况、学习效果，并生成反馈数据。主持建设了多门 E 化在线课程，教师可以在平台上发布资源，学生可以利用资源进行自主学习，平台可以对学生的学习情况进行记录，并形成过程性资料，以便教师和学生得到自己需要的相关信息。教师和学生也可以在平台上进行多元化交互式学习。

四、质量监测与评价

质量监测与评价是质量保障体系运行的着力点。建立日常监督、常规检查、专项检查、实时反馈和分析评价的质量监督机制，校院两级教学督导、质量管理人员作为教学质量监测的主体开展常规教学检查、课堂教学质量监测、实践教学质量监测，对监测情况进行教学质量分析，包括教学工作常态监测质量诊断、学情分析、教学满意度分析，会同相关部门前移至生源质量分析，延后至毕业就业情况调查分析、毕业生发展跟踪调查分析、毕业生社会满意度调查分析等。实行全过程、多主体的教学评价体系，评价方包括所有学生（期中、期末、随堂评价、日常反馈）、学生信息员（日常评价和反馈）、教师（同行相互听课评价）、督导（日常听课评价、专项听课评价）、领导（随机听课），实现多主体、全过程的教学评价。

全过程、多主体的综合评价以学生成长为中心，以学生收获和体验为出发点，评价—反馈—改进聚焦于学生的学习，使教学实施、资源配置、学生服务等诸多方面支撑学生培养目标的达成，把是否有利于学生达成培养目标作为教学设计、师资队伍、课程内容、硬件设备的监测要点。以人才培养目标为成果，了解应届毕业生就业质量及能力达成、3 到 5 年毕业生培养目标达成情况，分析培养过程中的课程教学质量对教学目标达成的支撑情况，教师的教学投入、教学能力及学校提供的培训对教学质量的保障程度，支持条件对培养目标达成的满足程度。

教学质量监测与评价包括教学质量监测、教学质量分析、教学质量评价。教学质量监测包括校院两级常规教学检查、课堂教学质量监测、实践教学质量监测；教学质量分析包括生源质量分析、教学工作常态监测质量诊断、学情分析、教学满意度分析、毕业生就业情况调查分析、毕业生发展跟踪调查分析、毕业生社会满意度调查分析；教学质量评价包括常规评价和专项评价。

（一）教学质量监测与评价的常规监督程序

1. 教学质量监测

教学质量监测的途径包括教学检查、进课堂听课、学生评价与反馈、座谈会等。教学检查包括日常教学检查、“三期”（期初、期中、期末）教学检查、专项教学检查等，多主体、全过程、全方位了解教学秩序、教学规范的执行、课堂教学的开展、教学资源的准备、课程考核等相关情况。进课堂听课是教学质量监控的重点内容，每学期学校领导、中层干部、校院两级教学督导、教师同行均要求按规定听课，并进行听课评价和反馈。学生评价与反馈主要是指学生评教和学生教学信息员反馈。学生评教是构成教师教学质量评价的主要组成部分，学校在全部教学班开展学生评教，涵盖全部任课教师。学生教学信息员队伍覆盖所有班级，由班级学习委员担任，能了解学生学习、生活等方面的问题，按照学校要求，定期向质量管理办公室反馈。座谈会是了解师生情况的重要窗口。学校每学期都要召开学生代表、教师代表、学生信息员、督导专家座谈会等，了解各方情况，为学校提升教学质量提供基础信息。

2. 教学质量评价

教师教学质量综合评价指标一般由四个部分构成，即学生评教、教学督导专家评价、教师同行评价和教学规范评价，高职学段各部分的权重为60%，20%，10%，10%。各二级学院可结合本学院具体情况，依据学校规定自主设计教师教学质量的综合评价指标体系，分配各指标权重。教学质量评价结果作为学校教学质量优秀奖、评选“优秀教师"“教学名师”等各项评优、评奖及教师职称评定、聘任的重要依据。另外，对于新聘期内连续 3 年教学质量评价后 2% 的教师，调离教师专业技术岗位。

（二）课程体系的教学质量监测

1. 课程满意度调查

课程既是专业培养计划的载体，又是学生发展的具体化手段。课程在教育质量内涵中处于核心地位，对其进行满意度调查具有重要意义。学校把学生对课程的满意度作为教学诊改最根本的出发点，针对不同类型课程的特点，设计了不同的课程满意度调查问卷，涵盖思政课程、公共基础课程、各类专业课程，实践类课程等进行课程满意度调查。课程满意度质量监测通报二级学院及相关教师。

强化以“学”为中心，将教学评价从教得如何向学的实效转变。对评教问卷进行分类，确保评价内容和评价指标体系更加科学合理。目前，课程分为思政课、基础课、专业课、体育课四类，根据不同类型课程设计不同问卷，从强调学生的获得感出发设计评教问题。

针对在校生和毕业生的总体学习感受，学校利用教学质量管理平台发起针对专业课、思政课、实践课、第二课堂、教学管理、学生管理、后勤管理等方面的满意度调查，对学生集中反映的问题向相关部门进行反馈，促进学校教学整体质量的提升。

对全校 2021 级、2022 级学生通过问卷以不记名的方式进行调查，共有 1275 名学生参加，其中，2021 级 548 人、2022 级 727 人，男生 443 人、女生 832 人，涵盖了全校 8 个学院的部分学生。结果显示，学生在校体验的满意度为 97.28%。如表 4–1 所示，学生在校的各种满意度与往年基本持平，受新冠疫情影响并不明显，其中，课外育人满意度还有所提升，这与全校通过多途径、全方位开展丰富多彩的活动呈正相关关系。

表 4–1　学生 2020—2022 年在校体验满意度统计

指标	2020 年（%）	2021 年（%）	2022 年（%）
课堂育人满意度	98.40	98.51	98.43
课外育人满意度	97.39	97.03	98.12
思政课教学满意度	97.63	98.84	98.12
公共基础课（不含思政课）教学满意度	98.65	99.17	98.59
专业课教学满意度	98.95	98.68	98.43

2. 实践课程的质量监测与评价

教学质量监测不局限于日常听课，还包括对教师课程教学档案的质量监测，课程教学档案包括授课计划、教案、试卷、试卷分析等。

对实践课程和实习实训的质量，除答辩教师外，二级学院领导、教学秘书、督导专家等参加学生的毕业设计答辩和顶岗实习总结答辩会，检查学生的毕业设计任务书、顶岗实习日志等内容，并针对每项内容学校都设计了相应的评价指标。在专项质量监测方面，每个学期检查的主题不同，根据上学期或这学期日常检查中发现的问题或督导专家听课过程中发现的问题确定检查的主题。定期开展重点专项检查，学生的毕业设计全过程质量监测和对学生企业实践教学环节的质量监测。针对学生的企业实践教学，学校有多个质量监测环节，检查教学单位实践教学资料的完整性，学生去企业之前要有学生实践计划，组织学生企业实践以后，要有完整的实践总结，包括总体情况、实践收获、存在问题及改进方案等；检查学生在企业实践中的学习成果，包括学生的实践报告、实践手册、学习心得与总结；校院两级领导、质量管理办公室、教务处、学工部等相关部门不定期到学生实践的企业现场听课，与学生、企业教师、校内实践指导教师等面对面交流，深入了解学生企业实践教学整个环节的授课情况。

例如，学校开展的课程综合实践的质量监测情况：学校各二级学院领导班子统筹全局，统一规划，全程监督指导，教师全员参与，共同实施实践教学管理。学院制定实践教学管理章程、实训教学指导规范、教学日志表、企业走访表等，保证实践课程有“章”可依、有“规”可循、有“表”规范。在实践前，各专业制订课程综合实践教学计划，校企协商签订课程综合实践合同书，明确双方责任、义务；学生及其法定监护人（或家长）签署“课程综合实践”知情同意书，确保做到家校充分沟通；在实践中，通过配备三导师实施“三对一”教学模式，专业指导教师在企业现场跟学监督、领导班子成员轮流巡视监督、学生在工学云平台线上打卡撰写周报和实践总结，三监督模式确保课程综合实践日常监督管理；在实践后，校企共同评定学生成绩，各专业做好实践总结，并通过问卷调研的方式了解课程综合实践实施成果，为课程综合实践持续改进提升和成果固化提供支持。

学校严格遵循“两性一度”的“金课”标准，全程做好教学质量监控。教师开展混合式教学改革须提交申请表、授课计划、教案，经所在二级学院、教务处审核批准后方可实施。学校质量管理办公室根据课程申请表、授课计划等文件对实施混合式教学的课程进行质量监控，包括但不限于视频等学习材料的使用情况、教师和助教参与线上互动的情况、课堂实施翻转教学的情况等。实施混合式教学改革的课程需在结课后向教务处提交课程标准、课程全部教案、课程实施报告、学习质量分析报告等材料。质量管理办公室协助教务处进行审核并认定合格后，才能视为教学任务完成。真正将“两性一度”的要求贯穿到混合式教学改革的全过程，切实提升课堂教学水平。

（三）教材质量的监控与评价

学校定期对教材质量开展监控与评价工作，加强对教材工作的检查监督。党委宣传部每学年从选用教材中抽取不少于 5% 的教材开展意识形态审核，把好政治关。质量管理办公室负责对教材质量开展检查监督或评价，每学年至少开展一次面向师生的教材适用性调查，相关工作纳入教学督导考评体系。

五、质量反馈与改进

质量反馈与改进是内部质量保障体系的落脚点。通过内部质量保证体系监控、评价、分析、反馈、改进系统，修正目标和标准系统，形成闭环。达到学校持续改进、提升教育教学质量的最终目的。内部质量保障体系是一连串的系统化链条，是有目标、有标准、有机构、有评价、有反馈和有改进的闭环系统。

（一）教学质量反馈

各执行单位内部日常监控信息及时反馈，在子系统内部及时解决改进。质量管理办公室将监测信息及时分析、及时反馈。一是针对二级学院层面（或当事人）的反馈：个性反馈——“当场反馈 + 反馈表”，共性反馈——教学例会。二是针对相关职能部门的反馈：对需由职能部门改进的问题（如管理文件或组织方式等）加以汇总整理，以“教学管理情况反馈和改进卡”的形式提供给相关职能部门作为改进依据。三是在全校范围内进行反馈：通过发布《督导简报》等在信息门户、质量管理办公室网站发布的形式将教学质量监测信息在全校范围内进行反馈。质量反馈形式：督导反馈、会议反馈、《督导简报》、质量信息反馈与改进通知单等。

学校重视教学质量的反馈与改进，通过以下形式进行反馈。

1. 学生教学信息员反馈

学校建立了学生教学信息员微信群，学生教学信息员可以随时反映意见和建议；每周填报《教学信息员记录》，每2周质量管理办公室对学生教学信息员反馈的问题整理汇总、分析并反馈给相关部门加以改进。

2. 学生与教师代表座谈会

校院两级每学期期中分别召开学生代表座谈会、教师代表座谈会。在质量管理办公室组织教务处、学生处、人事处、后勤处、图书馆与信息中心等相关部门负责人参加的教师代表座谈会上，与会教师畅所欲言，对教师提出的问题、困难和建议，相关部门现场反馈或会后解决。学生处组织的学生代表座谈会同样邀请了相关部门参加，了解学生学习、生活中存在的问题和诉求，并尽快协调解决。

3. 定期召开二级学院教学院长例会

质量管理办公室与教务处一起每2周召开一次教学院长例会。质量管理办公室负责人在会上通报教学秩序与执行教学规范检查、期中教学检查、期末教学完成情况检查与课程考核工作检查、日常教学秩序检查、专项教学检查的情况，并要求各二级学院将相关情况通知到二级学院相关人员。

4. 定期召开学生院长工作例会

教学部门负责人、质量管理办公室负责人参加二级学院学生院长工作例会，交流学生教学和管理中存在的问题，互相沟通，协调解决。

5. 发布《督导简报》

通过发布《督导简报》介绍教学经验，提出存在问题，搭建交流与沟通平台，督促教师和管理部门改进工作质量。

（二）教学质量改进

制定教学质量纠正措施、预防措施，并进行持续性改进：一般性问题进行自我改进，比较复杂的问题由相关部门和人员联动改进，严重的问题由学校分管领导协调、督促推进。

质量改进结果核验：质量管理办公室跟踪检验反馈问题的整改措施是否落实，反馈问题的改进结果是否达到要求，改进资料记录归类存档，力求形成闭环管理。

质量管理办公室根据质量评价结果对教学质量进行反思和判断，通过分析现状、预警问题，反馈发布结果，为学生家长和用人单位等利益相关者提供必要的信息，使公众了解学校教学工作的进展和成效。

（三）信息化监控、评价、分析、反馈、改进

教学质量监控与评价平台以《北京财贸职业学院教学质量评价办法》《北京财贸职业学院教学质量优秀奖评选办法》为依据，已经形成了日常教学秩序检查、学生评教、教学规范评价、督导评价、同行听课、学生信息员反馈等板块内容，各种评价情况可以直接通过电脑端或手机企业微信端及时录入平台，信息沟通和反馈的时效性得到了明显提高，为使用不同分析模式处理、分析大数据信息奠定了可行性基础。教学质量监控与评价平台依靠现代化信息手段，对所有教学活动、教学环节、教学改革等进行全过程的监控，并及时进行信息反馈、发布预警；能简便、快捷地获取准确数据，多维度灵活应用数据，随时进行诊断、反馈、改进和提高，从而为课程建设、课堂教学改革、专业建设和学校适应社会需求评价等提供有力的支撑。

教学质量监控信息化、网络化和实时化，最大限度地发挥教学质量监控与评价的精细管理、精心服务和精准控制，提高教育评价的科学性、专业性和客观性，成为学校教学管理工作和决策管理的重要依据。把学生评教、督导评教等教学质量评价活动放到网上，为方便师生登录平台，学校还在企业微信中实现一键登录功能，学生、督导和教师通过手机与PC端都能快速登录，对每节课进行评价，实现教学质量评价的全过程覆盖，做到即评即改，从结果评价到过程评价的转变。

教学评价系统反映的教学质量考核数据，将作为教师评优、评奖、职称晋升、聘岗的重要依据。为发挥学生在教学中的主体作用，学校还会将有关信息和处理意见反馈给学生，做好管理部门与学生之间、教师与学生之间的沟通工作，为学生参与教学和教学管理提供制度保障，搭建教学互动的平台。

第五章

高职院校内部质量保障体系实践

第一节
招生录取

一、普通录取

北京财贸职业学院学历教育招生主要包括四种类型，分别是高等职业教育单独招生、普通高考统一招生、贯通培养项目招生和成人高等教育招生。

为确保招生工作公平、公正、公开，落实“阳光工程”，学校成立招生工作领导小组，由学校主要负责人和相关职能部门负责人组成，落实招生录取重大事项集体决策。招生工作领导小组全面负责贯彻执行教育部和省级教育招生主管部门的相关政策，研究制定学校招生工作实施细则，审定学校招生计划和招生章程，研究其他有关招生录取重大事项，有关招生录取的重大事项须经学校党委会（常委会）审议通过后执行。招生工作领导小组下设办公室（设在招生办公室），负责具体实施招生工作领导小组做出的决议。

学校各类型招生章程、招生计划、实施细则等经学校招生工作领导小组审定后，报省级教育招生主管部门审核通过后，依据招生信息“十公开”的原则，在省级教育招生主管部门规定的官方平台及学校招生信息网发布，确保招生录取政策公开。

招生录取过程严格按照招生章程执行，纪检监察部门对招生录取进行全过程监督，并公布监督电话，接受社会监督。招生工作人员严格遵守国家规定的高校招生“六不准”“十禁令”“30个不得”等招生工作禁令，录取前签订保密承诺书、录取工作安全承诺书等，录取过程严格规范，确保公平、公正。录取结果须经省级教育招生主管部门审核，审核通过后办理正式录取手续完成录取，并在省教育考试院网站及学校招生信息网发布录取名单。

二、非常规录取

为满足社会对技术技能型人才的需求，并为社会人员提供继续教育和职业发展的机会，根据教育部有关规定，对社会人员进行扩招招生。社会人员不同于普通高中毕业生，具有一定的工作经验和专业技能，学校根据社会人员的实际情况，按照“标准不降、模式多元、学制灵活”原则，制定单独的招生标准，确保能选拔到适合该专业的社会人员。

学校成立由学校领导及相关职能部门负责人组成的招生工作领导小组，全面负责贯彻执行教育部和北京市教育招生主管部门的招生相关政策，依法制定招生章程并拟订招生计划，集体决策有关招生工作的重大事宜。学校招生办公室负责具体实施招生工作领导小组做出的决议，做好招生工作领导小组日常运行的各项准备工作。在招生过程中严格遵守公平、公正原则，杜绝任何形式的舞弊和不公平行为。

学校注重提高人才培养的针对性、适应性和实效性。提供多样化的教育培训方案，提供符合实际需求的课程和培训项目，注重实践教学和实训，为社会人员提供更多的实际操作和实践机会，以提升他们的职业技能和实际应用能力。采取弹性修业年限和灵活多元教学模式，以适应不同生源的不同学习时间、不同学习方式，创新教学组织、教学管理和考核评价，加强与社会企业的合作，为社会人员提供优质的教育培训，为社会经济发展提供有力支持。

第二节
专业设置

一、专业设置

（一）学校成立了专业设置的领导与组织机构

（1）校级专业建设与教学指导委员会，作为领导机构，负责专业设置与调整工作的整体统筹布局、协调推进，重在发挥其审议、决策、指导与咨询作用。

（2）院级专业建设与教学指导委员会，负责对本学院专业设置、评估、调整等工作开展论证及审议。

（3）专业设置与调整工作具体由教务处、发展规划处、招生办公室、质量管理办公室、教师工作部、人事处等部门多方协同开展。各二级学院是专业设置与调整工作的主体。教务处为校级专业建设与教学指导委员会的秘书处，主要负责专业设置与调整工作的统筹协调、相关制度研制。发展规划处、招生办公室主要牵头负责专业结构布局研究、每年的新专业设置及拟招生专业确定工作。质量管理办公室主要牵头负责专业群核心竞争力重点评估和全面评估工作。教师工作部、人事处牵头负责对撤销专业教师的培训、转岗，以及对新增专业师资队伍的建设工作。

（二）学校成立了人才培养方案制订的领导与组织机构

（1）校级专业建设与教学指导委员会，作为领导机构，负责本校人才培养方案的审核工作。

（2）院级专业建设与教学指导委员会，负责对本学院人才培养方案开展论证及审议工作。

（3）人才培养方案制订的具体工作由教务处（实训管理中心）牵头，质量管理办公室、教师工作部、人事处、校企合作办公室等部门协同开展。教务处设为校级专业建设与教学指导委员会的秘书处，主要负责人才培养方案工作的统筹规划，制定人才培养方案指导意见。质量管理办公室对人才培养方案制订和实施进行监督检查，开展教学诊改。教师工作部、人事处牵头统筹专业人才培养所需师资。校企合作办公室负责引导二级学院搭建校企合作平台。

二、备案审批

（一）专业设置应遵循以下6个基本程序

（1）教务处、发展规划处联合发布通知。

（2）二级学院开展专业调研，组织新专业、拟招生专业申报，组织院级专业建设与教学指导委员会进行论证。

（3）教务处审核材料并组织校级专业建设与教学指导委员会评审。

（4）学校党委会和校长办公会审批。

（5）专业备案和申报。

（6）教育部批复公布。

（二）人才培养方案的备案审批程序

人才培养方案的制订、备案、审批应遵循规划与设计、调研与分析、起草与审定、发布与实施、评估与更新5个基本程序。

（1）规划与设计。教务处牵头发布人才培养方案指导意见，确定基本规范，提供专业调研工具和方法。

（2）调研与分析。充分发挥由校内外专家组成的专业建设与指导委员会的作用，指导专业教学团队、课程开发团队开展调研，并与企业专业共同对调研结果进行分析，研判产业发展趋势和行业企业人才需求，明确本专业面向的职业岗位（群）所需的知识、能力、素质，形成专业人才培养调研报告。

（3）起草与审定。二级学院在调研报告的基础上准确定位专业人才培养目标与培养规格，起草专业人才培养方案，提交院级专业建设与教学指导委员会论证、审议。审议合格后，教务处审核材料，并组织校级专业建设与指导委员会评审。学校党委会和校长办公会审批。

（4）发布与实施。审定通过的人才培养方案，学校按程序发布执行，报上级教育行政部门备案，并通过学校网站等主动向社会公开，接受全社会监督。

（5）评估与更新。质量管理办公室对人才培养方案制订和实施进行监督检查，开展教学诊改，根据结果反馈，对方案进行优化调整。

三、监督审查

（一）专业审查

学校专业设置实施院、校、市、国家四级审查，学校两会审批。院级专业建设与教学指导委员会负责本学院专业设置资料论证和审查工作，合格后提交教务处，由教务处组织校级专业建设与教学指导委员会开展论证和审议并形成结论，提交学校党委会和校长办公会进行审批。审批通过后填报全国职业院校专业设置管理与公共信息服务平台，由北京市教委审批，国控专业需提交教育部审批（见图 5–1）。

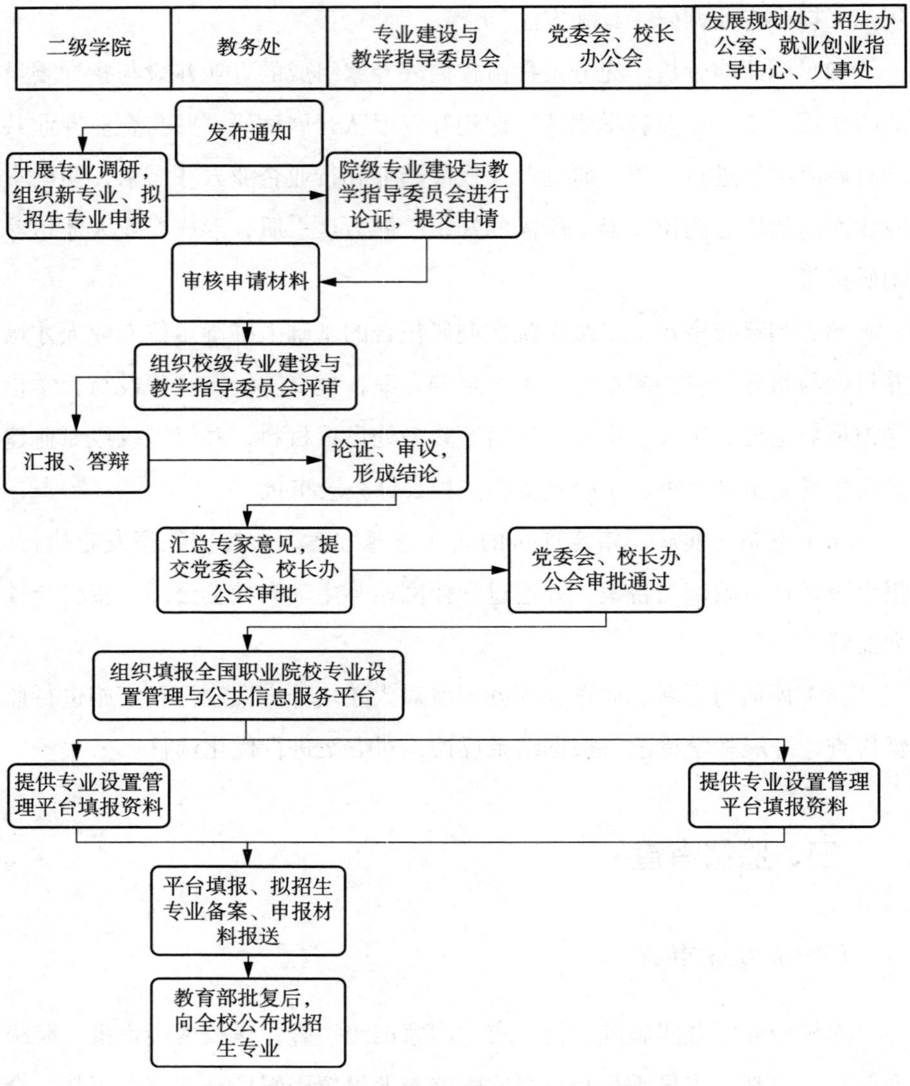

图 5-1 专业设置审批及监督审查流程

（二）人才培养方案的监督审查

学校人才培养方案实施主管行政部门指导、校院两级审查、学校两会审批、社会公开监督、校内诊改政策。学校人才培养方案制订遵循教育部职成司及北京市教委文件要求，在制订过程中需经过校院两级专业建设与教学指导委员会进行审核，最终提交学校党委会和校长办公会审批。审批通过后对社会公开并接受监督，并在校内开展诊断评估，不断优化改进（见图 5–2）。

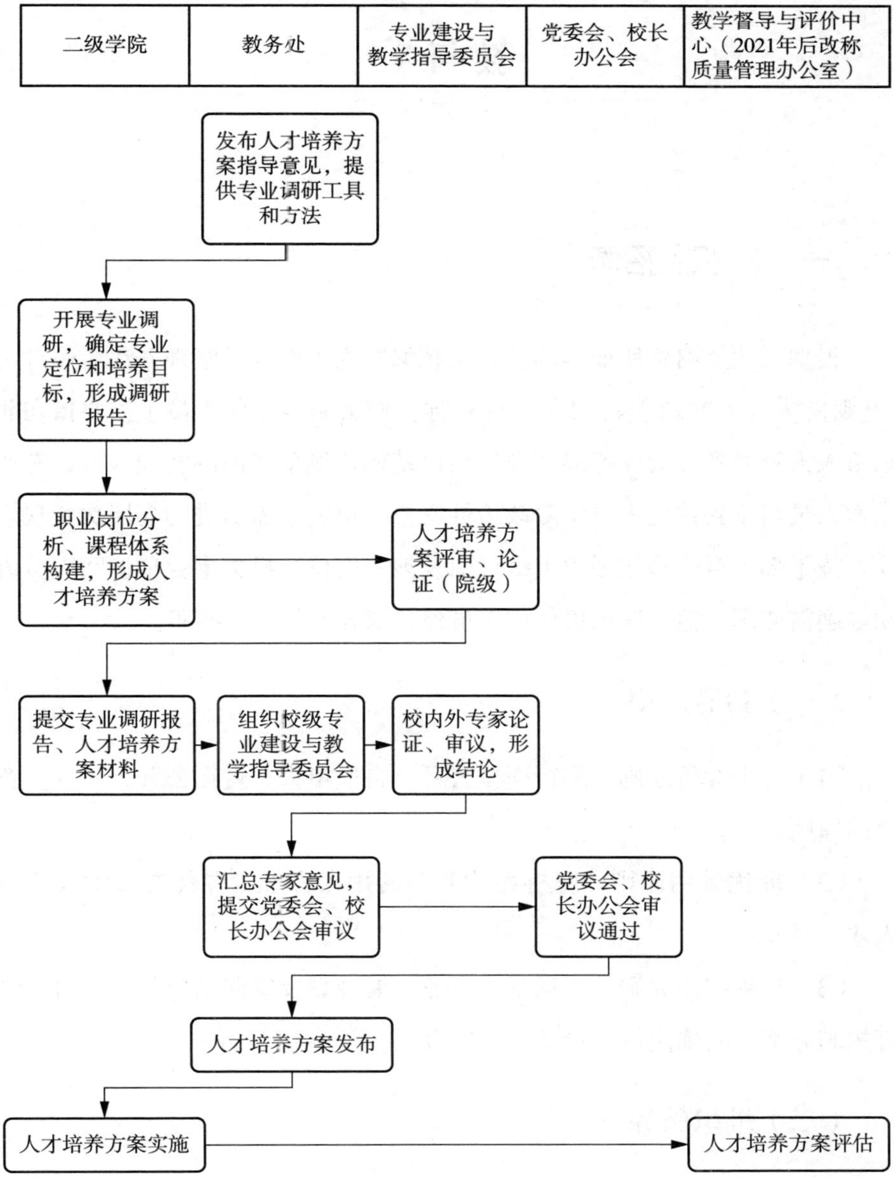

图 5–2　人才培养方案审批及监督审查流程

第三节 教与学

一、教职工招聘

根据《北京财贸职业学院公开招聘编制内工作人员管理办法（修订）》（北财院人发〔2023〕41号）文件精神，校编制内工作人员（主要指在北京市人力资源和社会保障局核准的岗位结构比例范围内的管理人员、专业技术人员与工勤技能人员）除政策性安置人员、急需引进的高层次紧缺人才、按干部人事管理权限由上级任命及涉密岗位、机关事业单位间人员流动等确需使用其他方法选拔任用人员外，都要实行公开招聘。

（一）招聘原则

（1）公平竞争原则。实行岗位公开、自愿申报，遵循公开、平等、竞争的原则。

（2）择优录用原则。坚持德才兼备的用人标准，择优选拔学校所需人才。

（3）计划控制原则。根据学校事业发展规划及编制核定数量，科学制订招聘方案，明确岗位职责及工作内容。

（二）组织领导

学校人才工作领导小组是公开招聘工作的主要领导机构，由学校党委书记和校长任组长，其他校级领导任副组长，成员包括组织部、统战部、宣传部、教师工作部、人事处、学生工作部（处）、发展规划处、教务处、科技处等部门主要负责人，负责公开招聘工作的规划、指导。

人事处在人才工作领导小组领导下具体负责公开招聘的组织、实施工作。教学、科研单位由相关负责人牵头，成立本单位的公开招聘工作小组，成员不少于5人，且为奇数。组成人员应为相关单位及系（教研室）、研究室负责人等，承担本单位有关公开招聘的具体工作。内设管理机构和教辅单位由人事处牵头，成立联合的公开招聘工作小组，成员不少于5人，且为奇数。组成人员应为相关部门及科室负责人等，承担联合小组有关公开招聘的具体工作。

各单位（部门）于每年10月底前根据人才队伍建设规划，结合编制数、实有人数、岗位空缺数、生师比等现实状况，自行报送下一年度人才需求，明确需求岗位及职责，并设置任职基本条件。人事处汇总后，根据学校实际情况进行统筹，形成年度公开招聘计划，报主管校领导审核，提交人才工作领导小组审议，并报校长办公会研究。

（三）应聘人员必须具备的条件

（1）遵守宪法和法律；

（2）品德优良，无不良记录；

（3）热爱职业教育事业，具有敬业精神；

（4）具有岗位所需的专业或技能；

（5）身体健康，具备良好的心理素质；

（6）招聘单位（部门）岗位所规定的其他条件。

（四）应聘人员基本条件

（1）专业带头人岗位，原则上应符合以下条件之一：①具有博士学位、正高级专业技术职务、10年及以上教育教学经验；②具有硕士及以上学位、有在规模企业高层管理工作经验或在行业、企业业绩突出、有较强影响力。

（2）教师岗位，原则上应具备相关专业背景，取得博士研究生学历、博士学位；具有 3 年及以上行业、企业工作经历，且有突出业绩、成果和影响力的，可适当放宽学历、学位要求。

（3）辅导员、其他专业技术岗位与管理岗位，原则上应具备相关专业背景，取得硕士研究生及以上学历、硕士及以上学位。实行职业资格准入控制的专业技术岗位，应具备相应的职业资格。

（4）学校急需的特殊紧缺专业和特殊高技能人才（含具有高级技师以上职业资格人员），可根据需要适当放宽学历、学位要求。

（5）非北京常住户口应届毕业生，应符合北京市引进毕业生政策的基本条件。

（6）在同等条件下，入选国家或地方政府人才项目的、承担国家级项目或北京市重大项目的优先。

（五）招聘程序

（1）发布招聘启事。人事处根据招聘计划，拟定招聘公告，报上级有关部门核准并备案后，面向社会公开发布招聘公告。招聘公告内容应包括学校简介、拟招聘单位（部门）及岗位、招聘条件、招聘人数、报名方式、报名时所需提交的材料、考试时间、考试范围及入围比例等。凡符合报名条件的各类人员均可报名应聘。发布招聘启事应不少于 7 个工作日。

（2）各用人单位（部门）负责受理应聘人员报名申请，对应聘人员资格条件进行审核，并确定符合条件的人员。应聘人员须填写应聘人员信息表，提供个人简历和学历学位证书、职称证书、身份证、代表性成果等相关材料的原件及复印件。

（3）测评应聘人员。学校采取考试与考核相结合的方法，对招聘岗位所必备的综合知识、专业知识等内容进行考试，对应聘人员的思想政治表现、道德品质、业务能力、工作实绩等情况进行考核，择优聘用。

初试。由用人单位（部门）组织实施，可采取笔试、面试、专业能力测试等多种方式进行，招聘教师岗位须设置试讲环节。按照学校规定的推荐比例推选进入复试的合格人选。面试（试讲）评委应由 5 人以上组成，且总人数为奇数，试讲环节须有教务处或科技处或质量管理办公室的 1~2 名熟悉相关工作的人员参加。初试的笔试试卷、面试（试讲）音像资料由人事处妥善保存，保存期至少半年。

复试。由学校统一组织实施，采取面试的方式进行。复试评委应由 5~7 人组成。复试的音像资料由人事处妥善保存，保存期至少半年。进入复试人员须参加由学校统一组织的心理测试。

试岗。由用人单位（部门）组织实施，试岗时间不超过 1 周，工作内容和方式由用人单位（部门）自行决定。试岗环节结束后，由用人单位（部门）负责人汇总意见，并根据试岗结果形成书面综合鉴定，明确应聘人员专业水平、工作能力、性格特点与岗位适应性等，报人事处备案，初步形成拟聘人选名单。

（4）确定拟聘人员。人事处汇总考试、考核、考察意见，确定拟聘人选名单，经主管校领导审核后，报校长办公会审议，确定拟聘人员。

（5）入职体检及政审。

拟聘人员到北京市三级医院进行体检。体检标准原则上参照《公务员录用体检通用标准（试行）》和《教师体格检查标准》执行，体检不合格的取消拟聘资格。

按上级相关部门规定审查并收取拟聘人员的相关材料，安排阅档、政审等相关手续。未在规定时间内提交相关材料的，取消拟聘资格。对于接收非北京常住户口应届毕业生，材料审查合格的，上报北京市教委及北京市人力资源和社会保障局审批。

（6）公示拟聘人员。对拟聘人员进行公示，公示期一般不少于 7 个工作日。公示期间存在争议的，人事处会同相关单位（部门）进行调查处理。经调查不存在问题的，保留拟聘资格，确有问题的取消拟聘资格。

（7）补录空缺岗位。对因各种原因未录用到合适人选而空缺的岗位，人事处汇总后向主管校领导汇报，决定是否重新组织招聘。

（8）办理报到手续。拟聘人员按期报到的，由学校人事管理部门予以办理报到手续；未在规定时间内报到的，取消拟聘资格。

（9）签订聘用合同。按照学校聘用制度相关规定，与受聘人员签订聘用合同，确立人事关系，聘用合同期限一般不低于 3 年。

其中，对于学校给办理北京市常住户口的受聘人员，合同服务期限不得低于 5 年。由于受聘人员原因服务期限不满 5 年的，受聘人员应向学校支付最高不超过 50 万元的违约金。服务期不满 1 年的支付违约金 50 万元，服务期满 1 年不满 2 年的支付违约金 40 万元，服务期满 2 年不满 3 年的支付违约金 30 万元，服务期满 3 年不满 4 年的支付违约金 20 万元，服务期满 4 年不满 5 年的支付违约金 10 万元。

受聘人员试用期按国家相关规定执行，试用期满，由所在单位（部门）对受聘人员进行考核。考核不合格的，予以辞退，同时解除聘用合同。

（六）招聘纪律

（1）严格遵守招聘程序。在招聘工作各环节，工作人员必须严格按照程序要求做好各项工作，保管好招聘工作的有关资料，不得泄露有关信息。非工作人员不得干预招聘工作。

（2）严格落实回避制度。学校不招录与现有在编人员有夫妻关系或者子女关系的工作人员，不招录与中层及以上领导干部有亲属关系的工作人员。凡与招聘单位负责人及负责招聘工作的相关人员有夫妻关系、直系血亲关系、三代以内旁系血亲关系或者近姻亲关系的应聘人员，不得应聘秘书、组织、人事、财务、纪律检查等重要岗位，以及与单位负责人有直接上下级关系的岗位。

单位负责人和负责招聘工作的人员在办理招聘事项时，涉及与本人有上述关系或者其他可能影响招聘公正的，也应当回避。

（3）严格接受监督。招聘工作接受学校纪检监察部门监督。人事处设立举报电话、电子邮箱，受理有关投诉或者举报，将属于纪检监察受理范围的举报件及时移送，对招聘过程中违反纪律及有关招聘规定的行为，要予以制止和纠正，保证招聘工作的公开、公平、公正。

（4）对有下列违反本办法行为的，必须严肃处理：应聘人员提供虚假简历或虚假证明材料，伪造、涂改证件、证明，或以其他不正当手段获取应聘资格的；应聘人员在考试考核过程中作弊的；招聘工作人员指使、纵容他人作弊，或在考试考核过程中参与作弊的；招聘工作人员故意泄露考试题目的；违反本办法的其他情形。

（5）对违反公开招聘纪律的应聘人员，视情节轻重分别给予取消应聘资格、考试成绩无效、记入诚信档案库等处理；对违反本办法招聘的受聘人员，一经查实，应当解除聘用合同，予以清退。构成犯罪的，依法追究刑事责任。

（6）对违反公开招聘纪律的工作人员，视情节轻重调离招聘工作岗位或给予处分；对违反公开招聘纪律的其他相关人员，按照有关规定追究责任。

（7）加强对公开招聘工作的舆情监测，密切关注网络、媒体等舆论动态，及时采取有效的应对措施妥善处理，做到早发现、早报告。对于重大舆情，要及时上报上级主管部门。

二、考核政策和程序

教职工的考核分为年度考核和聘期考核。

（一）年度考核

1. 考核原则

根据学校教职工考核工作方案，年度考核坚持客观公正、民主公开的原则，以岗位职责和聘用合同为依据、以工作绩效为重点、以服务对象满意度为基础，突出不同岗位类别特点，采取领导评议与群众评议相结合、定性分析与定量分析相结合方法，以平时考核为基础、侧重考核工作人员完成年度工作目标任务和教育教学重大改革或党建重大政治任务等情况，按照所聘岗位分类进行，充分发挥考核的导向、激励和约束作用，有效促进学校发展。

2. 考核对象

在岗在编的全体教职工及离岗创业的在编专业技术人员，包括专业技术人员（教师专业技术人员、辅导员、其他专业技术人员）、管理人员（不含中层干部）和工勤人员。

担任中层干部，兼任专业技术职务、并享受相应待遇的“双肩挑”人员，年度考核实行“双重考核”。领导职务的考核，按照干部人事管理权限及有关规定执行；专业技术职务的考核，按照专业技术人员的考核规定执行。

3. 考核等次及标准

年度考核结果分为优秀、合格、基本合格和不合格 4 个等次。年度考核优秀等次比例，原则上不超过参加年度考核人员总数的 20%。中层干部的优秀等次名额单独计算，不占本单位（部门）名额指标。各单位（部门）年度考核优秀等次名额，可自行按照教师专业技术人员、辅导员、其他专业技术人员、管理人员、工勤人员等岗位类别分开计算、综合平衡，优秀等次名额原则上应向一线岗位倾斜。

优秀等次的比例，按照学校年末的实有人数为基数进行计算。若本单位（部门）当年优秀指标未用完，或把关不严造成的指标取消，则未用完的、取消的指标作废，原则上不结转到下一年度；如果在本聘期内没有优秀指标，在聘期最后一年，由学校统筹是否给予优秀指标。

4. 考核结果的使用

年度考核结果作为续聘、解聘、调整岗位、职务升降、工资待遇和奖惩的重要依据，岗位聘任、奖励、工资调整、职务晋升、职称评审及培训选送等的依据。

考核优秀的教职工同时获得嘉奖，给予一次性奖励；岗位竞聘中，年度考核被确定为优秀等次的工作人员，在同等条件下可优先聘用。

考核合格（含）以上的教职工，晋升一档薪级工资，以岗位工资、薪级工资、职务补贴为基础计发个人考核绩效，本年度计算为竞聘更高等级岗位的工作年限。

年度考核被确定为基本合格的，对其诫勉谈话，限期改进；不能晋升薪级工资；本年度不计算为竞聘更高等级岗位的工作年限；连续两年考核均被确定为基本合格等次的，降低岗位等级或调整岗位聘用。

年度考核被确定为不合格的，降低岗位等级或调整岗位聘用；不能晋升薪级工资；取消其下一年度参加更高等级岗位竞聘的资格；对于不服从组织安排或安排到新的工作岗位后年度考核仍不合格的，学校按照有关规定可与其解除聘用合同。

不参加年度考核或考核不确定等次的人员，不能晋升薪级工资，本年度不计算为竞聘更高等级岗位的工作年限。

（二）聘期考核

聘期考核：指每 4 年一次的聘期考核。

根据《北京财贸职业学院 2021 年全员聘任工作方案》，教师岗位设置类型为教学为主型教师专业技术岗位、教学科研型教师专业技术岗位、科研为主型教师专业技术岗位。教学为主型教师专业技术岗位主要从事教学工作，适当从事或参与科研工作；教学科研型教师专业技术岗位教学工作和科研工作并重；科研为主型教师专业技术岗位主要从事科研工作，少量承担教学任务。

教师专业技术岗位职责分为基本职责和业绩要求两个方面。基本职责是教师专业技术岗位履职的基本要求，业绩要求是教师在聘期内需要完成的工作任务。受聘教师在聘期内应履行相应岗位规定的基本职责，并完成相应的业绩要求。教师专业技术岗位基本职责由学校和各二级单位共同制定，二级单位应在学校制定的教师专业技术岗位职责的基础上，结合学院实际，根据学院的专业设置、教学任务、队伍现状、发展目标，以及承担学校工作情况，制定各学院各类各级教师专业技术岗位的具体职责。教师专业技术岗位基本职责要求在聘期内同时完成教书育人、专业（群）建设与改革、科学研究、产学研服务、继续教育与公共服务工作。

三、继续教育与专业发展

学校制定《北京财贸职业学院教职工教育培训管理办法》（北财院人发〔2020〕46号）文件，要求在编在岗的全体教职工，包括专业技术人员（教师专业技术人员、辅导员、其他专业技术人员）、管理人员和工勤人员参加相应培训。

（一）教职工教育培训工作原则

（1）以德为先，注重实效。坚持正确政治方向，业务能力培养与师德教育、思想政治教育相结合，全面提升教职工队伍整体素质。

（2）分层分类，全员覆盖。教育培训面向全体在编在岗教职工，增强针对性，分层次、分类别、分阶段推进。

（3）合理规划，学用一致。各单位（部门）围绕学校改革发展实际，结合专业建设、队伍建设、能力提升等实际工作的需要，突出问题导向，在合理安排日常工作任务的前提下，有目的、有计划地安排教职工参加各类教育培训，切实提高教职工的履职能力。

（二）教育培训对象与要求

（1）教育培训对象为学校在编在岗的全体教职工，包括专业技术人员（教师专业技术人员、辅导员、其他专业技术人员）、管理人员和工勤人员。其中，教学科研岗位人员参加的培训，须满足教学、科研、社会服务等工作需要；其他专业技术岗位、管理岗位和工勤岗位人员参加的培训，原则上须与现从事岗位的需求相关或相近。

（2）教职工参加教育培训的时长，每年累计应不少于90学时。由于产假、病假等，未达到教育培训要求的，可以酌情予以学时减免。无正当理由，年度培训学时不达标，本年度考核等次不可评为优秀。

（3）教职工应严格遵守教育培训的规章制度，完成规定的教育培训任务。教职工因特殊情况未按规定参加统一组织的教育培训或者未达到教育培训要求的，应当及时补训。对无正当理由旷课或者拒绝参加教育培训，或两次以上未达到培训要求而没有取得相应培训证书的教职工，将视情节严重程度，给予相应处理。

（4）教职工接受教育培训情况将作为教职工专业技术职务晋升、人才培养项目选拔、岗位任职晋级、年终考核的一项重要考察内容。

（三）教育培训内容与方式

（1）教职工教育培训主要包括国家或北京市教育行政部门组织或安排的培训、研修等，国家或北京市教育行政部门授权的师资培训基地组织或安排的培训、研修等，上级其他业务主管部门组织或安排的业务培训等，学校相关单位（部门）为提高教职工履行岗位职责能力而组织或安排的培训、研修等，个人申请并经单位（部门）批准的与岗位工作密切相关的培训、进修等。

（2）教职工教育培训形式以集中培训、网络培训、在职自学等方式进行。集中培训通过短期培训班等形式进行。网络培训利用优质网络资源，广泛开展教职工网络在线学习。建立健全教职工自学制度。鼓励教职工合理利用时间，开展与业务相关或能提高工作效率的自学活动。

（四）组织管理

（1）教师工作部、人事处负责学校教职工教育培训的整体规划、制度建设、推进实施和数据统计，以及相关材料的存档备案工作。教职工通过教育培训取得与岗位工作相对应的职业（执业）资格证书或专业技术等级证书后，应将相关材料及时报送教师工作部、人事处，存入个人档案。

（2）各单位（部门）负责教职工教育培训的日常管理及备案工作，如实记载教职工参加教育培训情况和考核结果，包括教职工教育培训的学时证明或合格证书复印件等相关材料。

（3）校内培训和校外培训按照学习的实际天数计算，每半天计 4 个学时；网络培训按照相关网站统计的实际学时登记。

（4）教职工参加继续教育的时长按自然年度计算，各单位（部门）应于每年末汇总报送本单位（部门）教职工当年教育培训完成情况。

教职工招聘政策和程序、对教职工经验和资格的要求、教职工考核政策和程序、教职工继续教育与专业发展计划等是落实《国家职业教育改革实施方案》《中共中央　国务院关于全面深化新时代教师队伍建设改革的意见》《深化新时代教育评价改革总体方案》的要求，也是围绕学校事业发展目标，把立德树人根本任务放在首位，以教师为主体，科学设置专业技术岗位，合理配置其他人才队伍岗位，建立岗位职责与绩效考核相关联的动态激励机制，充分调动全体教职工的积极性和创造性，为学校高质量发展提供强有力的制度支撑和人才保障。此外，还是落实学校“十四五”事业发展规划，高质量完成“双高校”“特高校”建设任务，努力建设“财贸特质、首都特色、国际知名”的新商科职业院校的重要保证。

四、教师下企业

为建设高水平职业教育教师队伍，根据《国家职业教育改革实施方案》和教育部等七部门印发的《职业学校教师企业实践规定》等文件对职业院校教师素质提高计划的要求，着力加强“双师型”教师建设，创新我校“双师型”教师培养模式，我校制定了《北京财贸职业学院教师企业实践管理办法》(北财院人发〔2022〕25号)。

办法要求教师所在学院（部门）发挥主体责任，充分重视教师企业实践工作，结合专业建设和队伍培养之需，有组织、有计划地组织教师定期到企业实践，促进教师专业发展、提升教师实践教学能力。教师企业实践要有针对性和实效性。教师所在学院（部门）或教师本人要根据所属专业教学实践和教研、科研需要，会同企业结合教师专业水平制订企业实践方案，确定实践内容和方式，有效解决教学和教研、科研中的实际问题，将企业实践收获转化为教学资源，推动教育教学改革与产业转型升级衔接配套。

（一）实践的范围和要求

参加企业实践的人员范围为学校所有专业教师。从教5年以上的教师企业实践时间可根据当量转化表相关规定进行转化；从教不满5年（含5年）的教师原则上采用到企业实地进行实践的方式，且需每年完成30天及以上；从企业来的教师的企业实践要求，按上级相关规定执行。

教师企业实践考核结果将作为教师年度考核、工作绩效考核、聘期考核和专业技术职务（职称）评聘等的重要依据。

（二）教师企业实践的主要内容

教师企业实践的主要内容，包括了解企（事）业的生产组织方式、工艺流程、产业发展趋势等基本情况，熟悉企业相关岗位职责、操作规范、技术要求、用人标准、管理制度、企业文化等基本内容，学习所教专业在生产实践中应用的新知识、新技术、新工艺、新材料、新设备、新标准等实践情况，服务或指导企（事）业发展且形成研究报告、项目策划与实施、技术革新、文化创新和战略创新等相关成果。

（三）教师企业实践的形式和时间

教师企业实践的形式可分为分散型企业实践和集中型企业实践。其中，集中型企业实践又可分为脱产式企业实践和半脱产式企业实践。实践的时间、周期和安排各不相同。

（四）实施与管理

教师所在学院（部门）是教师企业实践的主责单位，要根据教学计划、专业建设、课程建设和教师职业发展的需要统筹规划，按照全年教师企业实践时间不低于人均每年 30 天的要求，于每年 6 月和 12 月分别制订下一学期教师企业实践计划，提交《教师企业实践计划汇总表》，经学校领导小组批准后实施。

教师是实施企业实践的主体，开展企业实践的教师应明确企业实践的目的、任务、目标和预期成果，填写《教师企业实践备案表（个人）》，由所在学院审定后，报教师发展中心备案。学校、企业及实践教师签订《教师企业实践协议书》。

教师所在学院（部门）要加强管理，定期检查教师在企业实践过程中填写的《教师企业实践记录表》，及时了解教师企业实践的情况和工作表现。所在学院（部门）按月将教师企业实践出勤情况上报教师发展中心。教师本人应主动向所在学院（部门）汇报企业实践的情况，为专业建设、课程改革提供信息。所有申报材料是考核教师企业实践工作的主要依据。

企业实践教师所在学院（部门）要及时收集、整理教师在实践锻炼中形成的各种资料，包括但不限于过程性资料、教学类成果、研究类成果和专利类成果等。形成教师企业实践的纸质版和电子版双档专项档案，确保资料完备可查。

（五）考核与验收

教师采用脱产或半脱产方式进行企业实践，须完成5000字（含）以上总结报告；教师采用业余时间方式进行企业实践，须完成2000字（含）以上总结报告。并至少完成：开发一门新课程，基于企业升级调整课程，承担或参与实践企业项目研究，公开发表论文等实践成果中任意3项。

企业根据《教师企业实践协议书》对教师的实际表现进行评价，填写《教师企业实践评价表（企业评价用）》，给出评价等级。教师所在学院（部门）对教师企业实践的情况进行评价，填写《教师企业实践评价表（教师所在学院或部门评价用）》，给出评价等级。

教师发展中心对学校教师企业实践工作应及时汇总确认，对教师所在学院（部门）的工作进行指导和考核，组织阶段性或年度企业实践工作成果交流汇报会。对教师在企业实践工作中的教学与科研、技术革新、实质性推动产学研结合、深度校企合作或开发新项目等方面取得突出成绩的，经学校认定后，给予表彰与奖励。

（六）纪律要求

教师企业实践时应严格要求自己，如实记录实践情况，自觉遵守实践单位的规章制度和操作规程。对于违反师德或不遵守实践单位规章制度造成恶劣影响的，学校将按照有关规定严肃处理。

为保证教师参加实践锻炼的真实性和公正性，对在企业实践中出现弄虚作假行为的，学校将对当事人及所在学院（部门）进行严肃问责。

教师须按审核批准的计划或申请备案的岗位和时间开展实践工作。因特殊情况确需改变企业实践计划、岗位和时间等，须提前向教师所在学院（部门）提出书面申请，经党政联席会研究确认，报教师发展中心批准后方可实施，否则该企业实践考核记为不合格。

五、教学环境和教学资源

（一）实践教学环境优良

学校拥有丰富的校内实训室资源能很好地支撑专业教学。另外，学校建立了多家校外实习实训基地，为学生提供了与专业相关业务技能实训实习的平台。学校还将教学智慧会计工厂等企业真实业务引入校园，实现真账实操等企业真实业务训练。中央财政重点支持的产教融合共享型实训基地初步建成，多个实训室正在建设，引领会计等专业升级转型。

（二）信息化教学资源丰富

丰富的信息化教学资源为专业课程教学提供了支持，教师和学生可以利用教学资源进行课前任务的布置与预习，课中学习资料的发布与学习。

学校建设了国家级专业教学资源库，全面支撑专业课程教学素材选择与学生在线自主学习的需要。主持建设了国家级精品资源共享课，在线课程构建了教学资源、交流区、实训区和评价考核区，在“爱课程平台”上，教师能实施多元化交互式教学，学生利用教学课件、教学视频进行课堂学习，在交互式平台与教师或其他学习者及时进行交流。

（三）文献资源配备专业

学校图书馆配备了丰富的数据库资源，如百度文库、超星电子书、职业全能培训库等。学生通过丰富的文献资源，可以实现在线检索各类资料。

总之，学校的教学环境和教学资源能支撑学校专业人才培养目标的实现。

第四节
考核发展

一、课程考核方案

（一）课程层面

学校制定了《北京财贸职业学院高职考试管理办法》，专门就考试组织与领导、试题、考试安排、考试资格审定、缓考、免修、补考、重修、监考人员职责、考场守则、考试违纪、作弊认定、违纪处理进行了规定；学校制定了《北京财贸职业学院高职课程成绩评定与管理办法》，专门就课程考核与成绩评定、成绩录入与成绩记载、成绩异议与成绩变更、成绩查询与成绩归档进行了规定。

（1）根据《北京财贸职业学院高职考试管理办法》，凡属教学计划规定的课程，都要进行学期考核，本办法适用于所有规定课程的考核。所有课程必须通过考核评定成绩，考核方式分为考试和考查。鼓励任课教师结合课程的性质、特点及教学要求，在考查学生掌握基本理论、知识、方法、技能的基础上，倾向于对学生技能方面、学习过程方面的考核。考核应由两个部分组成：形成性考核评价、终结性考核评价，且形成性考核评价占比应不少于50%。

（2）根据《北京财贸职业学院高职课程成绩评定与管理办法》，正常考试课程成绩由平时成绩和期末考核成绩加权构成。其中，平时成绩由期中考试、课堂讨论、作业、论文、出勤等组成，期末考核成绩是课程结束时对学习状况的一次性评价。原则上，平时成绩比例不低于50%。任课教师要根据课程考核的评分标准科学、公正地评阅试卷，合理控制试题难易程度，使成绩分布遵循人才培养规律。各门课程最终评定的总成绩应基本符合正态分布，不及格（60分以下）率（取消、缺考、作弊和缓考不计入）一般不超过25%（见表5-1）。

表5-1　课程成绩与成绩等级关系对照

百分制考试成绩（分）	成绩等级	具备的能力
90~100	优	学习能力强，能准确掌握所有知识点，可以灵活运用所学技能，能创新性地完成作业
80~89	良	学习能力较强，能学习好所有知识点，可以运用所学技能，能顺利完成作业
70~79	中	学习能力一般，能学会教师讲授的知识点，可以运用所学技能，能完成作业
60~69	及格	学习能力一般，能听懂教师讲授的知识点，可以运用所学技能，能完成作业
60以下	不及格	学习能力不强，仅能听懂教师教授的部分知识点，难以运用所学技能，完成作业困难

为配合高端技术技能人才贯通培养试验项目学生对接国外本科院校，同时，推动我校成绩管理环节的科学化和国际化，我校试行平均学分绩点（GPA）的成绩记载方式。相同课程成绩以最高一次成绩为依据，课程成绩与成绩绩点的转换关系见表5-2。

表5-2　课程成绩与成绩绩点转换关系对照

百分制考试成绩（分）	成绩绩点（分）	百分制考试成绩（分）	成绩绩点（分）
90~100	4	72~74	2.3
85~89	3.7	68~71	2
81~84	3.3	64~67	1.5
78~80	3	60~63	1
75~77	2.7	60以下	0

（3）根据《北京财贸职业学院高职考试管理办法》，“命题”主要为以下几类。

①笔试类课程，任课教师须在课程结课前 3 周准备出符合学校试卷统一命题格式及要求的 A、B 两套标准试卷，并附参考答案及评分标准。

②口试类课程，任课教师须在课程结课前 3 周准备出至少多于考试人数 10% 的题目。

③线上考试类科目，需准备至少满足考试人数 20% 的试卷量。

④企业实习、实训类课程，如企业已经有各岗位规范的考试考核内容和标准，可参考作为考核命题；命题需由学院的指导教师与企业的指导教师共同研究。

⑤对采取大作业、报告、作品、方案等考试改革的课程，要有明确的考核方案和具体要求（具体要求由二级学院制定）。

（二）毕业生层面

具有学校正式学籍的学生在最长学习年限内，完成人才培养方案规定的所有课程的学习，成绩合格，达到所属专业人才培养方案中相关毕业要求，经校长办公会通过，准予毕业。但未达到所属专业人才培养方案中相关毕业要求，经校长办公会通过，准予结业，结业学生可以在最长学习年限内换发毕业证书。

二、顶岗实习考核评价

（一）学校在“顶岗实习”课程中引入了企业专家的评审

学校制定了《北京财贸职业学院学生顶岗实习管理办法（试行）》，对“顶岗实习”课程的考核进行了具体规定。

“顶岗实习”课程的考核内容：“顶岗实习”课程由企业任职、岗位业务、毕业设计、职业能力展示四个部分构成。学生在实习过程中按照时间顺序提交实习日志，实习结束时提交企业指导教师对岗位业务完成情况的评分表一份，须盖有实习单位公章。

“顶岗实习”课程的考核方式：由校内专业和企业指导教师评价、校内德育教师评价，以及学生自评共同组成。其中，学生自评得分不计入“顶岗实习”课程的总成绩；校内德育教师对学生顶岗实习过程中在思想道德、工作状态、生活状态中的表现的评价占10%；校内专业和企业指导教师评价对学生企业认知与岗位业务完成情况的评价占50%，对学生毕业设计完成情况的评价占30%，学生参加职业能力大赛的情况占10%（见表5-3）。

表5-3 “顶岗实习”课程考核方式及成绩分配情况

<table>
<tr><th>类别</th><th>考核项目</th><th>考核方式</th><th>占总成绩的比例</th></tr>
<tr><td rowspan="4">校内专业和企业指导教师评价</td><td>企业认知</td><td rowspan="2">由企业认知考试成绩、企业指导教师评价和校内专业指导教师评价三个部分组成。其中，企业认知考试成绩占5%，企业指导教师评价占60%，校内专业指导教师评价占35%</td><td rowspan="2">50%</td></tr>
<tr><td>岗位业务</td></tr>
<tr><td>毕业设计</td><td>由校内专业指导教师评价和毕业设计答辩小组评定两个部分组成，各占50%。满分100分</td><td>30%</td></tr>
<tr><td>职业能力展示</td><td>由校内专业指导教师根据学生参加毕业生职业能力大赛的成绩打分。满分100分</td><td>10%</td></tr>
<tr><td>校内德育教师评价</td><td>对“顶岗实习”课程的总体评价</td><td>由校内德育教师（辅导员）根据学生顶岗实习过程中在思想道德、工作状态、生活状态中的表现进行评价。满分100分</td><td>10%</td></tr>
<tr><td>学生自评</td><td>对“顶岗实习”课程的学习评价</td><td>对实习过程中的职业态度、工作规范与技能水平、工作成果的总体评价</td><td>不计入总成绩</td></tr>
<tr><td colspan="3">总分</td><td>100分</td></tr>
</table>

（二）学校在学徒制课程的考核中引入了行业或企业专家的评审

学校制定了《北京财贸职业学院现代学徒制人才培养质量第三方评价办法（试行）》，提出现代学徒制培养方式的人才培养质量测评，可参加行业协会测评或行业内权威性机构组织的测评，也可采取公开方式选择业界具有公信力的教育评价机构进行测评。

学徒制课程考核分为 3 个方面：思想品德、学徒业绩和师傅评价。对学徒的考核每学期一次，其中，思想品德占总成绩的 20%，学徒业绩占总成绩的 50%，师傅评价占总成绩的 30%。师傅评价主要是学徒日常对岗位技术技能的掌握情况和职业素养成效，包括学徒出勤考核、销售业绩、客户评价、管理人员考核。

三、考试管理

《北京财贸职业学院高职考试管理办法》对考核方案、试题审核、试卷批阅、考试分析、成绩公开都进行了详细说明。

（一）“考核方案”部分规定

鼓励任课教师结合课程的性质、特点及教学要求，在考查学生掌握基本理论、知识、方法、技能的基础上，倾向于对学生技能方面、学习过程方面的考核，可采取笔试、机试、口试、线上考试与撰写实验报告、论文、实验设计、方案策划、软件策划、综合性大作业、实际操作、现场模拟、小组汇报等考试改革类形式相叠加的方式。考核应由两个部分组成：形成性考核评价、终结性考核评价，且形成性考核评价占比应不少于 50%。考核方案要留存备查。

（二）“试题审核”部分规定

课程所属二级学院教学院长或系（教研室）主任严格把控试题质量并进行试做，对考试内容加强意识形态审核，对笔试类科目两套试卷的试卷内容、难易程度、试卷格式、两套试卷的重复率不超过15%、题量与考试时长是否相符等方面进行审核；对口试类科目的题目、题量、难易程度等方面进行审核；对线上考试类科目的题目、数量、难易程度等方面进行审核。

（三）“试卷批阅”部分规定

笔试类课程考试结束后3天内，完成试卷的批阅工作。教师对阅卷工作要认真负责，严格按照标准答案和评分标准进行评分，并仔细核分，做到公正、公平，统考试卷一律采取密封试卷，流水作业方式，集体阅卷。线上考试类课程留好学生作答记录。

（四）“考试分析”部分规定

学校每学期在结课前发布相关通知对课程成绩提出要求，如《关于做好2020—2021学年第二学期结课考试工作的通知》（北财院教发〔2021〕38号）文件中要求课程成绩应服从正态分布，任课教师在完成课程成绩录入后应进行成绩分析，对成绩分布、试卷情况和教学质量等方面进行总结并上交课程所属二级学院。本学期末教务处、质量管理办公室将对成绩分析报告进行抽查。

对教学计划内的每门课程，课程授课教师都要进行成绩的分析，填写《北京财贸职业学院课程考核分析表》，从教学目标达成情况（形成性考核评价、终结性考核评价）、考核成绩统计（成绩分布：最高分、成绩范围、人数、百分比）、教学目标达成情况分析描述、教学及考核有益经验、学生学习和教师教学中存在的问题及改进意见等方面进行填写，并形成总结报告。要求教师从试卷中反映出来学生知识、能力等方面哪些地方掌握得比较好，哪些地方存在问题，需要如何进行改进，并完成课程的总结报告。根据学生课程层面的成绩，为深化课程教学改革提供参考，提升人才的培养质量。

（五）“成绩公开”部分规定

任课教师须在开课第一周告知学生课程考核方式和成绩构成比例，并于期末考核前告知学生平时成绩。成绩评定办法由任课教师提出、专业教研室和开课单位认定后在课程授课计划中予以公布。学生成绩实行网络化管理，任课教师在课程考试结束后 3 天内通过北京财贸职业学院教务管理系统录入学生成绩，由课程所在系（教研室）主任审核通过、教务处审批后进入成绩总库并在教务管理系统中开放查询。

学生成绩将作为各种奖学金评比、评奖评优的重要参考，以此树立学习榜样，营造“比、学、赶、帮、超”的良好学习氛围，带动更多的学生积极投入学习中。

四、重修、补考政策

试卷批阅后，任课教师要以课程为单位认真填写《北京财贸职业学院教师教学情况总结表》对试卷进行分析总结。

（一）重修，符合下列情况之一者具有参加课程重修资格

（1）经补考后仍然有不及格的必修课或专业选修课；

（2）有被取消考试资格的必修课或专业选修课；

（3）学生非个人主观原因缺考的必修课或专业选修课；

（4）学生在考试中违纪或是作弊的必修课或专业选修课，待学生处分解除后方能进行重修；

（5）经重修后成绩仍不合格的课程，在校期间可继续重修。

（二）重修方式、程序和考核

（1）重修方式：分为插班重修、开设重修班、自学公开平台的慕课等，学生在校期间可根据课程安排和自身需要选择适当的重修方式。

（2）重修程序：教务处将在每学期期初补考结束后公布本学期需重修的课程及名单。学生在教务处规定的时间内按要求报名重修，重修课程的教学要求与正常课程相同，学生须按要求完成重修课程全部的教学环节。

（3）重修考核：插班和重修班重修课程的考核标准与正常课程相同，课程考核成绩由平时成绩和期末考试成绩综合评定，一般为百分制。

（三）补考，符合下列情况之一者具有参加课程补考资格

（1）考试成绩不合格。

（2）已办理缓考手续。

毕业设计和顶岗实习等实践性教学环节不安排补考与补做，考核不及格、缺考或取消考试资格者，可申请结业或延迟毕业。补考时间由教务处确定。公共课补考由教务处统一组织，专业课补考由学生所属二级学院组织。

五、申诉政策

《北京财贸职业学院高职考试管理办法》第十六条“成绩异议与复核”部分规定，学生对考核成绩有异议时，可提出成绩复核。复核范围是重新核算平时成绩和期末成绩，确认是否存在评阅错误、加分错误或登记错误。学生填写一式两份《学生成绩复核申请表》，提交学生所属学院，由学生所属学院与课程所属学院协调，在一周之内由任课教师进行试卷查阅并反馈意见。第十七条“成绩变更及要求”部分规定，成绩复核之后，确

系教师评阅或登记有误需要更正成绩的，经课程所属学院明确责任后，任课教师填写《教师考试成绩变更单》，附《学生成绩复核申请表》报教务处更正备案。成绩变更的最长期限不超过考试结束后3个月（不含寒暑假）。若成绩录入错误率超过5%，或任课教师随意授权他人录入成绩，一经查实按教学事故处理。

第五节 监控与评价

教学质量是高等学校生存和发展的生命线，教学质量监控是教学管理的重要环节，是提高教学质量和办学水平的重要手段；教师教学质量评价，是教师了解自身教学状况及效果的重要途径，是提高教师教学水平和能力的重要措施。学校组织校院两级领导、督导、教师同行、学生等多主体监控课堂，监督、评价教师，以及教学等多方面开展情况及学生实践能力的培养情况。

一、监控与评价组织

学校设有专门的教学质量与评价机构——质量管理办公室（原为教学督导与评价中心），负责学校质量管理工作的组织体系构建、工作运行、队伍管理；负责建立以督导为主体的教学工作诊断与改进体系，统筹学校教育教学督导队伍建设，组织实施学校教学督导与评价工作；负责健全学校教学质量监控工作体系和教学主要环节的质量标准，形成教学质量监控网络；负责对教学工作定期进行教学检查，开展常态监测、过程评价、质量分析、信息反馈，并督促整改提高；负责建立完善教学督导机制、相关制度和督导专家队伍；负责教学质量信息的搜集、整理、分析、总结和反馈，组织实施学校教学质量评价工作，及时向相关主管部门和二级学院反馈教学质量分析信息，督促解决存在的问题等。

二、教学质量监督与评价的相关制度

（一）教师教学管理制度

学校制定了教学工作规范，就专任教师的职业道德规范、授课资格认定、教学过程行为规范、课程建设与教学研究、教学纪律、奖惩等内容进行了规定；制定了《北京财贸职业学院外聘教师管理办法》和《北京财贸职业学院校内兼课教师管理办法》，就聘用对象、聘用原则、聘用条件、聘用程序、教师管理、工作量计算与酬金发放等内容进行了规定。

（二）师生课堂行为规范

学校制定了《北京财贸职业学院教师课堂教学行为规范》和《北京财贸职业学院学生课堂行为规范》，对教师和学生的课堂行为进行了规范。

1. 教师课堂行为规范规定

任课教师应做到立德树人，严谨治学，为人师表，遵守师德规范，将社会主义核心价值观贯穿课堂教学全过程，做到坚持教书与育人相统一、言传与身教相统一。

任课教师应在课前做好“四备”，即备学生、备专业、备教学大纲、备教材，准备好相应的教学文件。应严格按学校要求进行“首课”设计，实施“首课”说课教学，增强学生课程学习认知。

任课教师应严格按照课表在规定时间、地点上课，未经二级学院批准不应随意调课、停课。不迟到，不早退，不拖堂。任课教师应提前 5 分钟到达教室（含实训、实验教室），携带教学文件（教学大纲、教案、教材或讲义等），以及学生考勤册。

任课教师上课应衣着得体，仪表大方，举止文明，精神饱满，教态自然，原则上应站立讲授。不应化浓妆，不应随意接打电话，不应中途随意出入教室。严禁在教室内吸烟。严禁酒后上课。

上课铃响后任课教师应问候学生们好，任课教师应明确课堂教学目标、课堂学习纪律和行为规范，严格要求学生，及时制止和教育学生在课堂上的不当行为，维护正常的课堂教学秩序；做好课堂考勤记录，应对学生到课情况认真考勤，并将具体到课情况反馈给二级学院。

任课教师在课堂教学中应坚持以教师为主导、以学生为主体，落实“三有课堂”要求，提高课堂教学效果；根据教学内容需要设计学生学习形式，按照有利于提高教学效果的方式对学生座位进行安排和调换；积极使用信息化手段，熟练操作多媒体设备，课堂视频播放时间一般不超过课程总学时的 1/3；课堂练习应有利于增强学生对主要知识、技术技能、方法的运用掌握，做到精讲精练；外出实践教学时，任课教师应在实践现场指导学生的实践活动，防止外出实践课流于形式和“放羊”；应根据教学进度给学生布置课后作业，认真批改，及时反馈，并安排课后辅导和导学。

任课教师在实训、实验、实习课中应教育学生爱护设施设备，维护好教学场所清洁。任课教师离开教室前应关闭教学设备，最后离开教室的教师应关闭电灯、空调等设备。

2. 学生课堂行为规范规定

学生应尊重教师，遵守课堂纪律，服从教师管理；不做与课堂教学无关的事情，保持课堂秩序；应带好教学用具（教材或讲义、笔、笔记本等），提前 5 分钟到指定的教室上课；不得缺课、迟到、早退，上课时间不得随意出入教室。

学生上课应举止文明，衣着整洁得体，不穿薄、露、透衣服，不穿拖鞋（含凉拖），不理（梳）奇异发型，不化浓妆，不在教室吃东西；严禁在教学楼内吸烟；严禁酒后上课；严禁随地吐痰、乱扔纸屑和废弃物；学生要注意保持教室环境卫生，要主动帮助教师擦净黑板。

上课铃响后学生班长应喊“起立”，全体学生应立正站好喊“老师好”，行注目礼；教师点名应大声答“到”。上课铃响后进入教室的学生为迟到，迟到的学生应在教室前门外喊“报告！”听到教师喊“请进！”后方能进入教室轻轻坐下。学生教学信息员应按时如实统计本班学生准时出勤、迟到、病假、因公事假、因私事假、休学、参军等出勤情况。

学生应按照教师教学要求坐在教室指定位置，遵守学习规则，认真听讲，认真做笔记，积极与教师互动交流，认真完成作业，养成勤学爱学的习惯；应遵守课堂纪律，遵守教师对手机、iPad、笔记本电脑等电子设备的管理要求；不看与本堂课教学内容无关的课外书籍、报刊；不玩游戏；不睡觉；不随意聊天、不交头接耳；在课堂内不勾肩搭背，不搂搂抱抱；与同学和睦相处，不说脏话、不争吵、不打架。

学生要爱护教室内的公共财物，不得在课桌、门窗、墙壁上涂画，不随意搬动教学设备。离开教室前要整理好桌椅，每天最后一次课下课后要关好门窗，关闭教学设备，电灯、空调、电扇等设备，维护教学设备设施安全。

（三）课堂教学质量评价制度

学校制定了《北京财贸职业学院教学质量评价办法》，就评价对象、评价指标、评价组织、评价办法进行了规定。

1. 评价对象

教学质量评价的对象为承担学校课程教学任务的全体教师，有专任教师和其他教师。专任教师为正式在编的承担全校教学任务的任课教师。其他教师为辅导员，校内、外兼课教师等。

2. 评价指标

对师德师风、教学准备、教学目标、教学内容、教学组织与实施、教学效果等课堂教学情况，以及教案、课程标准、授课计划、课程考核、教材选用等教师教学规范的执行情况进行评价。

3. 评价组织

教学质量评价由质量管理办公室负责组织，指导和协调各二级学院及相关部门开展评价工作。具体由质量管理办公室牵头，承担教学任务的部门及二级学院要成立教学质量评价工作小组，开展教学质量评价工作。

4. 评价办法

教学质量评价从学生评教、督导专家评价、教师同行评价、教学规范评价 4 个维度对教师做出综合评价。不同身份教师使用评价指标和权重不同。

（四）课堂教学质量监控办法

学校制定了《北京财贸职业学院高职教育课堂教学质量监控办法》，就课堂教学质量监控系统的构成、课堂教学质量监控系统的主要职责、监控对象及内容、监控方式及监控方法等进行了规定。

1. 课堂教学质量监控系统的构成

课堂教学质量监控，实行校院两级管理。学校课堂教学质量监控系统，由主管教学工作的副院长牵头，质量管理办公室会同教学督导委员会，以及各二级学院院长、教学副院长负责学校教学质量监控工作的实施。各二级学院由院长牵头，主管教学工作的副院长负责本单位教学质量监控工作的实施。

2. 课堂教学质量监控系统的主要职责

课堂教学质量监控系统负责北京财贸职业学院教学质量监控与评价平台的建设和维护。负责校院两级质量监控工作制度、工作流程和标准建设。负责制定各教学环节质量标准及配套制度和文件，定期开展教学检查与评估。

负责学院教学工作安排，对教学规范、教学文件、教学计划等情况和教材的完备、适用情况等进行检查，组织好每学期期初、期中、期末日常教学检查。

负责做好本学院学生教学信息员的组织管理工作，积极组织开展教师教学、教改经验交流或观摩、讲课比赛等活动，组织本学院开新课、新开课教师试讲，对本学院领导班子及专任教师听课情况进行监督。

3. 监控对象及内容

课堂教学质量监控的对象：承担学校课程教学任务的全体教师，包括专任教师和其他教师。

主要内容：监控教师师德规范、教材选用、课堂教学态度、教学内容与策略、教学能力与方法、教学效果、课程考核等方面的执行情况，教师课堂教学行为规范的落实情况。

4. 监控方式

教学质量监控与评价平台。

5. 监控方法

通过教学检查制度、听课制度、督导制度、学生评教制度、学生教学信息员制度、教学预警和淘汰制度等实施。

教学检查制度包括日常教学秩序检查、期初稳定教学秩序与执行教学规范检查、期中教学检查、期末教学完成情况检查和课程考核工作检查等。教学检查工作由各二级学院具体组织实施，以各二级学院的自查为主，质量管理办公室负责督促、抽查二级学院的教学检查工作，并有针对性地开展教学抽查，发现问题，提出整改意见，并督查问题整改情况。

听课制度是实施教学质量监控的有效措施，是学校领导和各级管理人员深入教学第一线了解教学情况，加强教学管理，更好地为教学工作服务的有效措施；有利于教师互相学习，取长补短，形成重视教学、教研的好风气。听课制度的规定遵照《北京财贸职业学院听课制度》执行。

强化教学督导工作是完善高等教育质量保障体系，实施有效教学监控的重要措施。督导制度执行《北京财贸职业学院教学督导工作管理办法》。

学生评教是课堂教学质量评价的重要方面，按照公正、客观、公平的原则开展。学生评教在全校所有教学班中全面开展，做到专任教师、外聘教师、行政兼课教师全覆盖。学生评教工作由质量管理办公室负责组织，二级学院配合实施，在每门课完成授课计划 1/2 以后、结课考试前开展。学生评教问卷的统计处理工作，由质量管理办公室负责统计汇总和分析。对于误差较大的班级，质量管理办公室有权择时重复调查。问卷统计结果将及时反馈给任课教师本人及所在二级学院和部门。

为切实加强师生双向交流，充分调动师生积极性，学校建立学生教学信息员制度。学生教学信息员制度执行《北京财贸职业学院建立学生教学信息员制度的试行办法（修订）》。

结合教学秩序检查的结果，学校建立教学预警和淘汰制度。对教学检查中发现的不严格遵守《北京财贸职业学院教师教学工作规范》的，但又未达到教学事故处理标准的教师，给予教学通报批评；对严重违反教学工作规范，造成教学事故的教师，按照《北京财贸职业学院教学事故认定及处理办法（修订）》，给予教学事故认定及通报处理。

（五）教学质量奖惩制度

为深化教育教学改革，切实提高教学质量，增强全校教师质量意识，充分调动和发挥广大教师的教学积极性、主动性与创造性，奖励授课质量高、讲课效果好的任课教师，激励和引导广大教师潜心钻研、教书育人、严谨治学，创新教育教学实践，不断提升教学水平，提高人才培养质量，学校制定了《北京财贸职业学院高职教学质量优秀奖评选办法》，就评选原则、评选时间、评选对象、评选资格、评选办法、奖励等内容进行了规定。

1. 评选原则

坚持师德第一标准原则。坚持立德树人，全面落实师德规范要求，严格执行师德“一票否决制”。

坚持公开、公平、公正原则。遵循实事求是，建立教学相长、激励促进的教学提升机制。

坚持过程性原则。教学质量优秀奖是日常教学工作的自然总结，贯穿于教学工作全过程，与日常教学工作互为促进。

2. 评选时间

教学质量优秀奖每学年评选一次，每年的教师节表彰大会颁发上一学年的教学质量优秀奖。

3. 评选对象

评选对象为正式在编的承担教学任务的专任教师，辅导员按照辅导员系列评选标准进行（不含校内兼课教师）。

4. 评选资格

落实立德树人根本任务，贯彻党的教育方针，具有强烈的事业心和责任感，师德高尚，敬业奉献，为人师表；服从学校教学任务安排，从事学校专职教学工作一年以上，并完成学校规定的标准工作量；教师担任课程的课堂出勤率达到所在二级学院的平均出勤率，督导评价排名在前 1/3；实行教学事故“一票否决制”。经学校认定出现教学事故的教师不参与当学年教学质量优秀奖的评选；在同等条件下，学生评教分数高或者获批教改立项、教学能力大赛获奖等教师优先考虑。

5. 评选办法

根据学校《北京财贸职业学院教学质量评价办法》的要求，在每学年第二学期的期末统一组织实施教学质量优秀奖的评选工作，评价结果须参考每学年两个学期的教学质量评价；课堂教学质量评价结果以汇总分数排序，按照专任教师总人数的 15% 确定教学质量优秀奖候选名单，并在规定时间内上报质量管理办公室；质量管理办公室审核后，将教学质量优秀奖候选名单报主管校领导，经学校办公会审议通过后，予以公示，最终形成学校表彰决定；在教学质量优秀奖获奖名单公示期间，对评选结果存在疑问的，可由本人以书面形式向二级学院提出申诉，经学校教学督导委员会组织相关部门进行复议处理后通知本人。

6. 奖励

学校对获得教学质量优秀奖的教师颁发证书，给予一次性奖励。

教学质量优秀奖将作为教师职称评定、聘任及各项评优、评奖的重要依据。

三、教学质量监督程序与做法

学校通过设置教学检查，听课，督导，学生评教，学生教学信息员反馈，学生与教师代表座谈会，教学预警和淘汰，公开课、观摩课、示范课、财贸好课堂，发布《督导简报》等环节监督教学质量。

（一）教学检查

教学检查包括期初稳定教学秩序与执行教学规范检查、期中教学检查、期末教学完成情况检查和课程考核工作检查，日常教学秩序检查、专项教学检查。

（二）听课

每学期校院两级领导、校院两级教学督导、管理部门领导、教师同行均要求按规定听课，听课填写并提交《听课记录表》《课堂教学质量评价表》，听课后与授课教师交流。教学督导与评价中心对听课人员反馈的问题整理分析反馈给相关部门加以改进。

（三）督导

校院两级教学督导每学期制订工作计划，进入课堂听课，听课后与授课教师交流，提交《听课记录表》和《课堂教学质量评价表》，期末撰写总结，督导评价是教师教学质量评价的一个组成部分。质量管理办公室对督导人员反馈的问题整理分析反馈给相关部门加以改进。

（四）学生评教

学校在全部教学班开展学生评教，涵盖全部校内专任教师、外聘教师、行政兼课教师。在每门课程完成授课计划 1/2 以后、结课考试前开展，评价结果及时反馈给任课教师本人及所在教学单位。学生评教是教师教学质量评价的主要组成部分。

（五）学生教学信息员反馈

学生教学信息员由每班学习委员担任，反映他们对学习、教学及其管理的意见和建议。学校建立了学生教学信息员微信群，学生教学信息员可以随时反映意见和建议；每周填报《教学信息员记录》。

（六）学生与教师代表座谈会

校院两级每学期期中分别召开学生代表座谈会、教师代表座谈会，了解学生、教师在学习和教学工作中存在的困难与思索、建议，为学校提升教学质量提供基础信息。

（七）教学预警和淘汰

对教学检查中发现的不严格遵守《教师教学工作规范》但又未达到教学事故处理标准的教师给予教学通报批评；对严重违反教学工作规范、造成教学事故的教师，按照《教学事故的鉴定和处理办法》给予教学事故认定及通报处理；对年度教学质量综合评价排名后 3% 的教师根据具体情况给予试岗、待岗或转岗处理。

（八）公开课、观摩课、示范课、财贸好课堂

每个学期根据本学期教学重点，开展面向全校教师的公开课或观摩课、示范课，每 2 年评选一次“财贸好课堂”。

（九）发布《督导简报》

质量管理办公室每学期开学第一周连续 4 天每天发布《督导简报》，之后根据教学检查情况不定期发布《督导简报》，介绍教学经验，提出存在的问题，搭建交流与沟通平台，督促教师和管理部门改进工作质量。

四、教学质量评价指标体系

（一）专任教师

专任教师教学质量评价指标由四个部分构成，即学生评教、教学督导专家评价、教师同行评价和教学规范评价，高职学段各部分的权重分别为 60%、20%、10%、10%；取消考试资格的学生不参加评教；贯通基础教育学段各部分的权重分别为 50%、25%、10%、15%。

（二）其他教师

其他教师教学质量评价指标由两个部分构成，即学生评教、教学督导专家评价，高职学段各部分的权重分别为 60%、40%；取消考试资格的学生不参加评教；贯通基础教育学段各部分的权重分别为 50%、50%。

五、教师教学质量评价各项目的评价方法

（一）学生评教

学生评教每学期进行一次，在全部教学班中全面开展，每位教师的每门课都要参与评价。学生评教工作由质量管理办公室牵头，二级学院组织实施，在每门课完成授课计划 1/2 以后、结课考试前开展。学生评教问卷的统计处理工作，由质量管理办公室负责汇总、分析和反馈。对于误差较大的班级，质量管理办公室有权择时重复调查。问卷统计结果将及时反馈给任课教师本人及所在二级学院和部门。

（二）教学督导组评价

教学督导组评价以教学督导听课和教学文件检查结果为依据，对教师做出综合评价。教学督导组评价由各二级学院负责组织采用集体评价打分的方式，每学期开展一次，评价结果须参考两学期评价得分。

质量管理办公室每学期期末将校级督导听课评价分数反馈给各二级学院。

（三）教师同行评价

教学同行评价由各二级学院负责组织，以系（教研室）为单位，每学期组织一次。各二级学院要组成领导小组，做好动员和准备工作，质量管理办公室负责同行评价工作的检查与监督。

（四）教学规范评价

各二级学院根据学校《北京财贸职业学院教师教学规范评价（修订）》的相关标准和要求，每学期组织一次教学规范评价。各二级学院应成立由二级学院领导、教学秘书、系（教研室）负责人等组成的评价小组，对照

评价标准为每位教师打分。

六、教学质量评价结果应用

教学质量评价结果主要应用于以下领域。

（1）相关部门及二级学院将教师教学质量评价中各项目结果进行汇总，报送质量管理办公室，并以适当的方式向教师个人反馈教师教学质量评价结果。

（2）教学质量评价在本二级学院中排名前 15% 的校内专任教师，经审核确认后，学校授予“教学质量优秀奖”荣誉称号。

（3）教学质量评价作为“优秀教师”“教学名师”等各项评优、评奖及教师职称评定、聘任的重要依据。

（4）教学质量评价在本部门及二级学院后 2% 的教师予以试岗，由部门及二级学院为其安排导师进行教学帮助和辅导，制订适应该教师的发展计划和进修、学习项目，以促进其教学质量的提高。新聘期内连续 3 年教学质量评价后 2% 的教师，调离教师专业技术岗位。

七、反馈机制

（一）学生教学信息员反馈

学校建立了学生教学信息员微信群，学生教学信息员可以随时反映意见和建议；每周填报《教学信息员记录》。

（二）学生与教师代表座谈会

校院两级每学期期中分别召开学生代表座谈会、教师代表座谈会。在质量管理办公室组织教务处、学生处、人事处、后勤处、图书馆与信息中心等相关部门负责人参加的教师代表座谈会上，与会教师畅所欲言，对教师提出的问题、困难和建议，相关部门现场反馈或会后解决。学生处组织的学生代表座谈会同样邀请了相关部门参加，了解学生学习、生活中存在的问题和诉求，并尽快协调解决。

（三）定期召开二级学院教学院长例会

质量管理办公室与教务处一起每 2 周召开一次教学院长例会。质量管理办公室负责人在会上通报教学秩序与执行教学规范检查、期中教学检查、期末教学完成情况检查与课程考核工作检查，日常教学秩序检查、专项教学检查的情况，并要求各二级学院将相关情况通知到二级学院相关人员。

（四）定期参加学生院长工作例会

教学部门负责人、质量管理办公室负责人参加二级学院学生院长工作例会，交流学生教学和管理中存在的问题，互相沟通，协调解决。

（五）发布《督导简报》

质量管理办公室每学期开学第一周连续 4 天每天发布《督导简报》，之后根据教学检查情况不定期发布《督导简报》，介绍教学经验，提出存在的问题，搭建交流与沟通平台，督促教师和管理部门改进工作质量。

第六节
信息管理

根据《高等学校信息公开办法》（以下简称《办法》）、《教育部关于公布〈高等学校信息公开事项清单〉的通知》（教办厅函〔2014〕23号，以下简称《清单》），学校实行信息公开年度报告制度。信息公开年度报告主要内容包括概述，主动公开情况，依申请公开情况和不予公开情况，对信息公开的评议情况，因学校信息公开工作受到举报的情况，信息公开工作的主要经验、问题和改进措施，其他需要报告的事项7个部分。

学校加强对信息公开工作的组织领导，严格落实学校党务公开、校务公开等相关制度，不断完善信息公开工作体系，丰富信息公开内容和形式，提高信息公开质量和时效性。学校招生、考试与录取，教师和其他专业技术人员岗位设置与聘用、晋级及奖惩，学生奖学金、助学金、助学贷款和勤工助学申请与管理，资产采购、学校年度经费预决算方案、财政性资金的使用与管理等均按照规定程序和方式公开，实现了学校工作过程的公开透明。

学校将主动公开的信息，通过校园网、广播、校报、公告栏、微信等媒介和教代会、工代会、党政联席会等会议形式，以及通知、简报、会议纪要等文件形式予以公开。实施“接诉即办”，同时，充分利用“书记信箱”“校长信箱”“来信来访”及座谈会等多种途径，向广大师生、家长、社会各界通报学校各方面情况，起到了正式信息公开渠道的协同和补充作用，收到了良好的工作效果。

学校加大重点信息公开力度，凡与学校教育教学改革、发展密切相关的和直接涉及教职工切身利益等能公开的校务活动，均予以公开，广泛接受监督。一是保证学校基本信息全面公开，二是深入推进财务、招生等重点领域信息公开，三是做好重大决策全过程公开。

学校通过学校网站、校内广播等校内媒体和报刊、广播、电视等校外媒体多种途径主动公开了以下信息。

一、学校基本情况

学校历史概况、办学指导思想、办学条件、师资水平、发展规划、重大改革事项及重大决策、校长办公会议题及会议纪要、规章制度、年度工作计划与总结等情况。

二、财务管理及审计工作

财务预决算，大额度资金使用、财务收支、教育收费项目和收费标准及范围等情况；基建工程项目、修缮工程项目审计结果，学校中层领导干部经济责任审计结果等。

三、人事工作

学校内部机构设置、岗位聘任、职称评聘、晋职晋级、招聘录用等情况。

四、教学、科研和学科建设工作

专业建设、课程建设情况，教学计划、教师排课情况，师资队伍建设情况，成果申报、教材编写及评奖等情况，科研课题的立项、经费使用及评奖情况，学科带头人选聘等情况。

五、学生管理工作

学生干部选拔和任用，各类先进集体与个人荣誉称号的评选，违纪处分，奖、贷、助学金的评定与发放，学杂费的减免，学生转学、转专业、休学、毕业等情况。

六、招生就业工作

各类招生考试政策规定、纪律，各类招生计划、录取条件、录取分数线、录取程序、录取结果及招生计划完成，新生报到率、毕业生就业率等情况。

七、基本建设和物资采购工作

学校基本建设规划、重大基本建设工程项目的确定与资金来源、基本建设工程招投标，大型仪器设备与大宗物资招标采购，图书教材招标采购，大型设备与公用房的使用等情况，承包租赁合同的执行情况等。

八、涉及教职工切身利益的事项

各类评优、评先、评奖办法及结果；专业技术职称评聘；职工提薪晋级、工资及内改分配办法；奖罚与福利；住房公积金、失业保险、医疗保险和其他社会基金缴纳等情况；有关劳动法律法规的执行情况，安全生产和劳动保护措施等。

后 记

本书源于北京财贸职业学院“双高计划”十大任务之一——提升学校治理水平的建设成果：财经类职业院校质量保障体系建设理论与实践。

中国特色社会主义进入新时代，实现中国式现代化需要高质量的教育，需要人民满意的教育，需要现代化职业教育体系。中共中央办公厅、国务院办公厅印发的《关于推动现代职业教育高质量发展的意见》明确提出，推进职业学校教学工作诊断与改进制度建设，完善职业教育督导评估办法，做好高等职业学校适应社会需求能力评估，健全国家、省级、学校质量年报制度，加大公开力度，为高职院校质量保障体系建设提供了政策依据。

本书以北京财贸职业学院质量保障体系为例，主要包括五大部分内容：①归纳总结质量保障的理论知识，尤其是整理国外质量保障体系的理论知识；②阐述高职院校质量保障的产生与发展；③分析高职院校外部质量保障体系和内部质量保障体系；④借助于北京财贸职业学院质量保障体系的整体情况论述质量保障体系建设的基本原则、基本框架和基本内容；⑤通过招生录取、专业设置、教与学、考核发展、监控与评价、信息管理等工作，来检验质量保障体系建设成效，从理论与实践两个方面编撰了高职院校质量保障体系建设内容。北京财贸职业学院质量保障体系获得英国资历框架（RQF）5 级和欧洲资历框架（EQF）5 级质量标准证书，无论是理论还是应用都有一定借鉴价值。2022 年，北京财贸职业学院质量保障体系在中国国际服务贸易交易会教育服务专题展上发布，向全国进行宣传推广。

在质量保障体系研究过程中，学校和相关部门领导对本系研究、书稿撰写都给予了细心指导、精心指点。在此，编写成员要向各位专家、领导深表谢意。同时，要感谢编著团队的每位成员，他们为本书的顺利完成付出了大量的心血。

王学梅，质量管理办公室副教授，北京市中青年骨干教师，主要从事教学督导与评价、质量年度报告的编写及研究。王学梅编写的质量年度报告多次荣获“北京市优秀质量年报奖”，参与多项国家级、省部级课题的申报和研究，主编、参编教材著作20余部，公开发表论文10余篇。

李昱言，管理学博士，质量管理办公室副研究员，聚焦于职业教育管理研究，主持省部级课题2项，作为核心成员参与完成3项省部级课题。主持完成2项北京市商务局委托课题“北京市‘十三五’时期商务人才规划”“北京市商务人才评价研究”并被商务局采纳。掌握多种教育教学评价方法，诸如DEA、AHP、模糊综合评价法、CIPP等。发表论文20余篇，EI检索1篇。

陈瑜，质量管理办公室讲师，主要从事教学督导、教学质量监控与评价工作。曾参与院级重大课题：商科院校质量保障体系建设研究工作。参与院级重点课题：基于胜任力理论的北京市商务服务业人才评价体系研究工作。主持校级重点课题：数字化转型背景下的高职院校教学质量评价体系研究——以北京财贸职业学院为例。独立完成著作《高职课堂教学目标与教学策略》，独立完成论文《学生教学信息员管理的策略研究》。

白丽，质量管理办公室讲师，专职教学督导，国家级评委，美容高级技师。

刘环，质量管理办公室助理研究员，从事职业教育研究，主持中国职业技术教育学会第五届理事会2023年度分支机构科研课题，参与学校重大委托课题“数字经济背景下财经商贸专业（群）‘六度’专业核心竞争力评估理论与实践研究”。

李冬玉，北京财贸职业学院助理研究员，从事职业教育教学管理及质量管理工作。作为核心成员参与完成2015年度校级重点培育课题：京津冀一体化背景下北京商务人才建设研究；2018年校级教学项目：北京财贸职业学院教学督导与评价中心质量保证体系建设；2018年院级重点课题：基于胜任力理论的北京市商务服务人才评价体系研究工作。

由于团队能力和研究水平有限，本书可能存在疏漏和不足，恳请广大读者给予批评指正。